실생활 주역, 삶의 지혜
우리는 어떻게 미래를 알 수 있는가?

실생활 주역, 삶의 지혜

ⓒ 김만태, 2024

1판 1쇄 발행 2024년 5월 15일
1판 2쇄 발행 2025년 3월 5일

지은이　　김만태
펴낸이　　김만태
펴낸곳　　지식의 통섭
제　작　　열림프린팅
등　록　　2023년 12월 22일
주　소　　대구광역시 북구 구암로 180, 102-210(구암동)
전　화　　010-4852-0967
이메일　　con2022@naver.com
홈페이지　www.namestory.kr
ISBN 979-11-987687-0-4 03180

- 이 책은 저작권법에 의하여 보호를 받는 저작물이므로 무단 전재와 복제를 금합니다.
- 책값은 뒤표지에 있습니다. 파본은 구입처에서 교환해 드립니다.

실생활 주역
삶의 지혜
우리는 어떻게 미래를 알 수 있는가?

노겸 **김만태** 지음
(前 동방대학원대학교 미래예측학과 교수, 문학박사)

지식의 통섭

들어가는 말

인류가 이 지구상에 존재하면서부터 인간은 척박한 생존환경 속에서 살아남고자 끊임없이 지혜를 발휘해왔다. 이런 노력의 하나로 인간은 어떤 일을 하기에 앞서 그 결과를 미리 알아봄으로써 나쁜 상황은 피하고 좋은 상황을 맞이하고자 하였다.

그래서 인간은 나름대로 앞일의 결과를 미리 알아보는 여러 가지 방법을 궁리해왔다. 이런 일련의 행위를 일컬어 점(占)이라고 한다. 인간이 점치는 행위는 어느 시대, 어디서나 널리 존재해온 인류의 보편적 문화현상이다.

인류는 선사 이래 '점치는 인간'인 '호모 아우구란스'(homo augurans)[1]로 살아왔으며 인류문화가 존재하는 동안 앞으로도 계속 '점치는 인간'인 '호모 아우구란스'로 존재해갈 것이다. 대체로 동물의 재해 예지능력은 인간보다 뛰어난 것으로 알려져 있다.

그러나 이것은 동물이 자연현상의 변화를 먼저 민감하게 느끼기 때문에 단순 반응한 것이지 예지욕이 개입된 문화현상은 아니다. 그러므로 예지욕은 인간과 동물을 구별하는 대표적 특성이며 인간만이 지닌 욕구 중에서 가장 강한 것이라고 할 수 있다.

미래를 점치는 책 『주역』, 쉽게 이야기하면 점치는 책이지만 대단히 심오한 동양 고전 중의 고전이다. 미래가 불확실하고 마음이 답답할 때 주역 책을 집어 들었지만 어려운 내용에 금방 흥미를 접는 분들이 많다.

그래서 혼자서 주역을 공부하기 위해서는 어느 정도의 안내가 필요하다. 이 책은 필요한 안내를 통해 주역의 세계에 들어가고자 하는 분들에게 도움을 주고자 한다. 내가 괘를 만들 줄 안다면 암호와 같은 주역의 문장이 이해되기 시작한다. 그리고 '아'하는 탄성과 함께 지혜와 깨달음이

---

[1] augurans는 라틴어 auguro(점치다)의 현재분사형으로, 사람을 의미하는 라틴어 homo와 결합하여 'homo augurans'(호모 아우구란스: 점치는 인간)를 구성한다.

다가온다.

　글쓴이가 주역으로 들어가기 위해 거친 시행착오를 바탕으로, 가장 수월하고 정확하게 주역의 문으로 들어가는 방법을 소개한다. 이 책의 주역 공부를 통해 자신의 현재 상황을 살펴보고 미래의 변화를 예견하며 수신(修身)하여, 자신의 운명을 비롯한 가족과 지인들의 운명도 좋게 이끌어 줄 수가 있다.

　우주의 삼라만상, 즉 만물은 하늘과 땅·사람을 의미하는 천지인(天地人)의 세 가지 근원[三元]으로 구성되어 있다. 하늘 천원(天元)은 시간(時間), 땅 지원(地元)은 공간(空間), 사람 인원(人元)은 인간(人間)을 구성하여 끊임없이 우주(宇宙)가 운행하고 생명이 순환한다.

　그런 가운데 사람이 순수하고 경건한 마음으로 정신을 집중하고 정성을 가지면 천지의 자연(自然)이 거기에 공감(共感)하고 감응(感應)하여 조짐을 보여준다. 그것이 바로 괘(卦)와 효(爻)이다. 이 책은 괘와 효를 자연의 순리에 맞도록 합당하게 해석하여 자신이 궁금해하는 미래의 문을 보여주는 길라잡이 역할을 한다.

2024년 갑진(甲辰)년 청명(淸明)절
고향 칠곡(漆谷)에서
노겸(勞謙) 김만태 삼가 씀

저자 소개

노겸(勞謙) 김만태

* 勞謙: 지산겸(地山謙 ䷎)괘 구삼(九三)효

경력 前동방대학원대학교 미래예측학과 교수(명리학·성명학)
　　　 前동방대학원대학교 명리성명학연구소장(동양학연구소)
　　　 前서라벌대학교 풍수명리과 교수·학과장
　　　 바른역사학술원 편집위원, 실천민속학회 평생회원

학력 국립안동대학교 대학원(문학박사):
　　　　　　　「한국 사주명리의 활용양상과 인식체계」(2010)
　　　 원광대학교 동양학대학원(문학석사):
　　　　　　　「명리학의 한국적 수용 및 전개과정에 관한 연구」(2005)
　　　 인하대학교 항공공학과(공학사)

연구실적

연구서 『정선명리학강론』(2022), 『훈민정음 모자음오행 성명학』(2022)
　　　　 『한국 사주명리 연구』(2012 대한민국학술원 선정 우수학술도서)
　　　　 『한국 성명학 신해』(2016 초판, 2018 보정판) 등 14권

연구논문 한국연구재단 등재 학술논문 100여 편

주요 논문 목록
서자평(徐子平)의 『명통부(明通賦)』에 함축된 신법명리 체계와 특징 　　　　　한양대학교 미래문화연구소, 『미래문화』 제7호, 2023.07
명리학의 학문적 정체성 확립에 관한 연구 　　　　　글로벌지식융합학회, 『지식융합』 제5(1)호, 2022.06
한글에 함축된 음양 배속, 오행 상생, 천지인 삼원 사상 고찰 　　　　　부산대학교 한국민족문화연구소, 『한국민족문화』 제81집, 2022.03
민속신앙의 원형으로서 간명일장금(看命一掌金)의 십이성과 십이지의 연관성 고찰 　　　　　한국민족사상학회, 『민족사상』 제15(3)호, 2021.09

타로(Tarot) 메이저 아르카나와 음양(陰陽)·삼원(三元)의 상관성 고찰
　　　　　　　　　한국문화융합학회,『문화와 융합』제43(4)호, 2021.04
『훈민정음해례(訓民正音解例)』에 의거한 모자음(母子音)오행성명학의 실증사례 분석
　　　　　　　　　한국민족사상학회,『민족사상』제14(3)호, 2020.12
『황제내경(黃帝內經)』과『동의보감(東醫寶鑑)』정기신(精氣神)론의 명리학적 적용 고찰
　　　　　　　　　한국학중앙연구원,『한국학』제43(2)호, 2020.06
조선조 음양과(陰陽科) 명과학(命課學)의 필수과목『원천강(袁天綱)』연구
　　　　　　　　　단국대학교 동양학연구원,『동양학』제77집, 2019.11
육자진언(六字眞言) '옴마니반메훔' 소리의 모자음오행 분석
　　　　　　　　　아시아문화학술원,『인문사회21』제10(3)호, 2019.06
모자음오행(母子音五行)의 성명학적 적용 연구
　　　　　　　　　동방문화대학원대학교 동양학연구소,『동방문화와 사상』제6집, 2019.02
중국 명리원전 ≪낙록자부주(珞琭子賦注)≫에 관한 고찰
　　　　　　　　　중국인문학회,『중국인문과학』제69집, 2018.08
무라야마 지쥰(村山智順)의 조선 점복조사에 대한 비판적 고찰
　　　　　　　　　부산대학교 한국민족문화연구소,『한국민족문화』제66호, 2018.02
한국 성명학(姓名學) 연구의 현황과 과제
　　　　　　　　　동방문화대학원대학교 동양학연구소,『동방문화와 사상』제3집, 2017.08
명리원전『명리정종(命理正宗)』에 함축된 병약(病藥)사상 고찰
　　　　　　　　　단국대학교 동양학연구원,『동양학』제67집, 2017.04
『조선왕조실록』에 나타난 사주명리의 반체제적 성향
　　　　　　　　　고려대학교 민족문화연구원,『민족문화연구』제72호, 2016.08
중국 명리원전(命理原典)『낙록자삼명소식부주(珞琭子三命消息賦注)』고찰
　　　　　　　　　영산대학교 동양문화연구원,『동양문화연구』제24집, 2016.08
중국 명리원전(命理原典) ≪이허중명서(李虛中命書)≫ 고찰
　　　　　　　　　중국인문학회,『중국인문과학』제62집, 2016.04
신재효의 판소리 사설에 나타난 민속신앙
　　　　　　　　　전북대학교 인문학연구소,『건지인문학』제15집, 2016.02
현대 한국사회의 이름짓기 요건에 관한 고찰: 발음오행 성명학을 중심으로
　　　　　　　　　한국민속학회,『한국민속학』제62집, 2015.11
간지기년(干支紀年)의 형성과정과 세수(歲首)·역원(曆元) 문제
　　　　　　　　　한국학중앙연구원,『정신문화연구』제140호, 2015.09
사시(四時)·월령(月令)의 명리학적 수용에 관한 고찰
　　　　　　　　　한국학중앙연구원,『정신문화연구』제136호, 2014.09
창씨개명 시기에 전파된 일본 성명학(姓名學)의 영향
　　　　　　　　　한양대학교 동아시아문화연구소,『동아시아문화연구』제57집, 2014.05
명리학에서 시간(時間)에 관한 논점 고찰: 자시(子時)를 중심으로
　　　　　　　　　원광대학교 원불교사상연구원,『원불교사상과 종교문화』제59집, 2014.03
십이지의 상호작용 관계로서 충(衝)·형(刑)에 관한 근원 고찰
　　　　　　　　　한국학중앙연구원,『정신문화연구』제132호, 2013.09
서거정의 命理觀 연구:『오행총괄』序와『필원잡기』를 중심으로
　　　　　　　　　한국국학진흥원,『국학연구』제22집, 2013.06

사주와 운명론, 그리고 과학의 관계
　　　　원광대학교 원불교사상연구원,『원불교사상과 종교문화』제55집, 2013.03
地支의 상호 변화작용 관계로서 地支合 연구
　　　　서강대학교 철학연구소,『철학논집』제31집, 2012.11
조선조 命課學 試取書『徐子平』에 관한 연구
　　　　한국학중앙연구원,『장서각』제28집, 2012.10
성수신앙의 일환으로서 북두칠성의 신앙적 화현 양상
　　　　연세대학교 국학연구원,『동방학지』제159집, 2012.09
훈민정음의 제자원리와 역학사상: 음양오행론과 삼재론을 중심으로
　　　　서울대학교 철학사상연구소,『철학사상』제45호, 2012.08
天干의 상호 변화작용 관계로서 天干合 연구
　　　　서강대학교 철학연구소,『철학논집』제30집, 2012.08
현대 한국사회의 이름짓기 방법과 특성에 관한 고찰: 기복신앙적 관점을 중심으로
　　　　한국종교학회,『종교연구』제65집, 2011.12
민속신앙을 읽는 부호, 십간(十干)·십이지(十二支)에 대한 근원적 고찰
　　　　고려대학교 민족문화연구원,『민족문화연구』제54호, 2011.06
한국 일생의례의 성격 규명과 주술성
　　　　한국학중앙연구원,『정신문화연구』제122호, 2011.03
조선 전기 이전 四柱命理의 유입 과정에 대한 고찰
　　　　서울대학교 규장각한국학연구원,『한국문화』제52호, 2010.12
세시풍속의 기반 변화와 현대적 변용
　　　　비교민속학회,『비교민속학』제38집, 2009.04
한국 맹인 점복자의 전개양상
　　　　한국역사민속학회,『역사민속학』제28호, 2008.11
역서(曆書)류를 통해 본 택일문화의 변화
　　　　국립민속박물관,『민속학연구』제20호, 2007.06

활동경력

인천광역시교육청, 서울대학교 규장각한국학연구원, 원광대학교 동양학대학원, 경기대학교 예술대학원, 한양대학교 융합산업대학원, 경성대학교 경영대학원, 가톨릭관동대학교, 한양대학교 동양학 대토론회 등 특강 다수, 한국도교문화학회와 공동 학술세미나(도교·노자·명리학) 개최

SBS 8시뉴스, MBC 생방송 오늘아침, KBS 아침뉴스타임, KBS 추적60분(운명의 바코드 750105) 등 방송 출연 및 신문 보도 다수.

(KBS 추적60분, 운명의 바코드 750105)

목 차

제1장. 주역(周易)이란?   11
   1.『주역』, 삶의 지혜와 처세의 가르침   11
   2. 주역의 짜임새   13

제2장. 소성괘   15
   1. 팔괘의 생성   15
     <팔괘의 성립과 삼재의 원리>   15
   2. 팔괘의 요약   16
     <팔괘의 특성>   20
     <복희선천팔괘>·<문왕후천팔괘>   21

제3장. 대성괘   22
   1. 대성괘를 읽는 법   22
     <주역 64괘>   23
   2. 효(爻)의 명칭   24
     <육효의 의미>   25

제4장. 괘의 해석   26
   1. 괘의 관계   26
   2. 효의 관계   29
     <64괘 조견표>   32

제5장. 64괘 요약 총정리   33
   1. 중천건(重天乾)~   37
   31. 택산함(澤山咸)~   99
   61. 풍택중부(風澤中孚)~   166

괘를 뽑는 방법(시계, 산가지)   174
괘를 해석하는 방법(사례)   177

제1장. 주역(周易)이란?

1. 『주역』, 삶의 지혜와 처세의 가르침

『주역(周易)』은 사서삼경(四書三經) 가운데 하나인 『역경(易經)』을 말하며, 주(周)나라 때의 역(易)이라는 뜻이다. 주역은 유교 경전(經典)의 으뜸이며 동양 사상의 영원한 원천이다.

기원전 1세기 사마천의 『사기(史記)』에는 공자(孔子)가 말년에 역(易)을 좋아하여 가죽끈이 세 번이나 떨어질 정도로 『주역』을 읽었다는 내용이 나온다. 공자 같은 성인(聖人)도 가죽끈이 세 번이나 끊어질 정도로 역을 보았다는 고사는 그 사실성이 의심스럽다고 하더라도 사람들에게 『주역』이 얼마나 심오하고 난해한 책으로 비쳤는가를 보여준다.

『주역』의 기원과 저자에 대해, 전통적으로는 복희(伏羲)가 괘(卦)를 만들고 문왕(文王)이 괘사(卦辭)를 짓고 주공(周公)이 효사(爻辭)를 지었으며 공자(孔子)가 십익(十翼)을 지음으로써, 네 분의 성인에 의해 현재의 『주역』이 완성되었다고 한다.

이 말대로라면 『주역』은 인류가 시작한 아득한 상고시대부터 기원하여 지금으로부터 3천 년 전 주나라의 초기에 그 골격이 갖춰지고 춘추시대의 공자에 의해서 완성되었으니, 모두 성인의 손으로 이루어진 신성한 글이 된다.

그러나 현대 학자들은 대부분 『주역』과 성인의 관련 문제에 대해 부정적인 시각에 서 있다. 성인이란 대체로 고대에 숭배하던 신(神)이 전환된 것으로 학자들은 설명한다. 그래서 기원전 3세기 이후 진(秦)·한(漢) 시기에 복희·문왕·주공에서 공자에 이르는 역학(易學)의 계통을 후대 사람들이 지어냈다고 본다.

따라서 『주역』은 주나라에서 점(占)을 친 기록들이 오랜 시기에 걸쳐 편찬된 것으로서, 괘효사는 주나라 초기에 형성되었고, 십익은 전국 말기

에서 진한시대 사이에 이루어졌다고 본다.2)

어느 한 민족의 초기 역사는 대부분 신화와 전설의 단계를 거친다. 신화를 역사적 사실로 보는 것을 '신화의 역사화'라고 한다. 중국의 역사가, 사상가들 또한 신화를 역사적 사실로 간주하여 몇몇 시조와 그 발전 계보를 허구적으로 구성하였다.3)

『주역』의 기원도 이러한 '신화의 역사화' 과정 일환에서 과대 포장되었다.

복희씨가 천하를 다스릴 때 하수(河水: 황하)에서 용마(龍馬)가 짊어지고 나왔다는 하도(河圖)와 기원전 20세기 하(夏)나라의 우(禹)씨가 치수(治水)를 할 때 낙수(洛水: 황하의 지류)에서 신귀(神龜)가 짊어지고 나왔다는 낙서(洛書)도 비록 그 명칭은 먼 고대까지 소급되고, 그 내포 사상이 진한(秦漢)의 음양오행 사상까지 망라하고 있지만 그 실질적 원류는 당말(唐末) 화산(華山)에 은거한 도사(道士) 진단(陳摶, 자는 圖南)이 석벽(石壁)에 새겼다고 하는 용도(龍圖)이다.4)

본래 『주역』은 역경(易經)과 역전(易傳)이 서로 분리되어 있었는데, 전(傳)이 경(經) 속에 끼워져 들어간 것은 한(漢)나라 때부터이다. 오늘날과 같은 체제로 단전(彖傳), 상전(象傳), 문언전(文言傳)을 역경 안에 끼워 넣는 형식이 정해진 것은 삼국시대 위(魏)나라의 왕필(王弼, 226~249)에 의해서이다. 이것이 당대(唐代)에 주역의 정본(正本)으로 확정됨으로써 현재 전해지고 있는 『주역』의 체제로 굳어지게 되었다.5)

지금까지 『주역』의 기원은 허구이고 과장된 면이 있으나 본래 『주역』은 점(占)을 치기 위한 책인 동시에 심오한 동양철학을 바탕으로 한 처세의 책이라는 점은 결코 부인할 수 없다. 그래서 『주역』의 64괘에 담긴 삶의 지혜와 처세의 가르침에 대해 우리는 알아야 한다.

---

2) 왕필 지음, 임채우 옮김, 『주역 왕필주』, 길, 2000, 643~644쪽.
3) 김원중, 『중국 문화사』, 을유문화사, 2013, 20쪽.
4) 문재곤, 「河圖·洛書의 形成과 改托」, 『중국철학의 이해』, 외계출판사, 1991, 158쪽.
5) 왕필 지음, 임채우 옮김, 『주역 왕필주』, 길, 2000, 644~645쪽.

2. 주역의 짜임새

주역(周易)은 주(周)나라 때의 역(易)이라는 뜻이다. 易은 '바꿀 역, 쉬울 이'의 뜻으로 변화(變化)한다는 의미와 누구나 쉽게 알 수 있다는 의미가 있다. 그래서 주역을 역경(易經, I Ching)이라고 하며 the Book of Changes(변화에 관한 책)라고도 한다.

주역의 기원과 지은이에 대해 전통적으로는 복희씨가 괘(卦)를 만들고 문왕이 괘사(卦辭)를 짓고 주공이 효사(爻辭)를 지었으며 공자가 십익(十翼)을 지었다고 한다. 그러나 대부분 현대 학자들은 주역과 성인의 관련에 대해 부정적으로 보고 있다.

주역의 체제는 크게 역경(易經)과 역전(易傳)의 두 부분으로 구성되어 있다. 역전이 역경 속에 끼어 들어간 것은 한(漢)나라 때부터이다.

역경(易經)은 괘(卦)와 괘사(卦辭), 효사(爻辭)로 이루어진 원래의 주역이다. 괘(卦)는 그 기원상에서 볼 때 일정한 방법에 의해 얻은 점복의 결과를 표시하는 기호로서, 먼저 8괘(소성괘)가 있고, 이 8괘를 아래위로 중첩해서 만든 64괘(대성괘)가 있다.

64괘는 상경에 30괘(중천건乾~중화리離), 하경에 34괘(택산함咸~화수미제未濟)가 배속되어 있다. 상경은 우주만물과 천지자연의 이치를, 하경은 인간사(人間事)와 인간사회의 법도를 중심으로 설명하고 있다.

괘사(卦辭)는 64괘 중 각 해당 괘의 길흉을 판단하는 점사(占辭)로서 64조가 있다. 효사(爻辭)는 한 괘의 각 여섯 효의 길흉을 판단하는 점사로서 384조(64괘×6효)가 있다.

괘효사는 내용상 상사(象辭)와 점사(占辭)로 구성되어 있다. 예를 들면 건(乾)괘의 맨아래 효인 초구(初九)의 효사 '잠겨있는 용이니 쓰지 말라(潛龍勿用)'에서 '잠겨있는 용'은 그 괘효의 상(象)을 말한 것이고 '쓰지 말라'는 것은 그 괘효의 길흉을 판단한 점(占)으로 보는 것이다.

역전(易傳)은 보통 십익(十翼)이라 부르는데 역경의 이해를 돕기 위한

10편의 보조 문헌이라는 뜻이다. 십익은 괘효사를 좀 더 알기 쉽게 풀이한 단전(彖傳), 상전(象傳), 문언전(文言傳, 건·곤), 주역의 전반적인 문제에 대해 체계적으로 설명한 계사전(繫辭傳, 상·하), 설괘전(說卦傳), 서괘전(序卦傳, 상·하), 잡괘전(雜卦傳) 등 7종 10편으로 구성되어 있다.

역경을 이루는 괘와 괘사, 효사는 주역의 근간이 되는 부분이면서 가장 이해하기 어려운 부분이다.

괘효사의 길흉은 논리적으로 정해진 것이 아니며 어떤 일관된 관점이나 이론에 의해서 해석될 수가 없다. 그래서 많은 부분을 역전인 십익이나 후대의 주석(註釋) 등에 의존하게 되는데 이로 인해 역경과 역전, 주석의 관계를 혼동하는 경우가 많다.

> 易(바꿀 역)은 日(해 일)자 밑에 月(달 월)자를 붙여 놓은 것으로, 해와 달이 끊임없이 뜨고 지며 운행하면서 밤낮이 생기고 바뀌는 것을 의미한다. 음양(陰陽)의 소식(消息)이라 한다.

제2장. 소성괘

1. 팔괘의 생성

소성괘(小成卦)는 세 효(爻)로 이루어진 괘, 즉 팔괘(八卦)를 말한다. 괘의 가장 기본적인 형태로서, 64개의 대성괘(大成卦)를 이루는 기본 단위가 된다. 소성괘는 양의(兩儀, 음양)→사상(四象, 태음·소양·소음·태양)→팔괘라는 삼재(三才)의 원리로 구성된다.

팔괘의 성립과 삼재의 원리

숫자	1	2	3	4	5	6	7	8
괘명	乾(건)	兌(태)	離(리)	震(진)	巽(손)	坎(감)	艮(간)	坤(곤)
자연(상징)	天(하늘)	澤(연못)	火(불)	雷(우레)	風(바람)	水(물)	山(산)	地(땅)
팔괘(삼변)	☰	☱	☲	☳	☴	☵	☶	☷
사상(이변)	태양		소음		소양		태음	
양의(일변)	양				음			
태극	☯							

일건천(一乾天)	☰	건삼련(乾三連) 세 효가 모두 이어졌다
이태택(二兌澤)	☱	태상절(兌上絶) 위 효만 끊어졌다
삼리화(三離火)	☲	이허중(離虛中) 가운데 효만 비어졌다
사진뢰(四震雷)	☳	진하련(震下連) 아래 효만 이어졌다
오손풍(五巽風)	☴	손하절(巽下絶) 아래 효만 끊어졌다
육감수(六坎水)	☵	감중련(坎中連) 가운데 효만 이어졌다
칠간산(七艮山)	☶	간상련(艮上連) 위 효만 이어졌다
팔곤지(八坤地)	☷	곤삼절(坤三絶) 세 효가 모두 끊어졌다

2. 팔괘의 요약

① ☰ 건(乾)

괘명은 건(乾). **일건천(一乾天)**은 괘의 순서·괘명·상징물, **건삼련(乾三連)**은 괘의 형상을 의미. '일건천'에서 '일(一)'은 팔괘 중에서 첫 번째로 나왔다는 뜻이고, '건(乾)'은 괘의 이름이며, '천(天)'은 괘의 자연 상징물은 하늘이라는 뜻이다. '건삼련'은 괘의 형상을 설명한 것으로 건괘는 세 효가 모두 이어졌다[삼련(三連)]는 뜻이다.

乾(하늘 건)은 세 효가 모두 양(陽)으로만 이뤄졌으므로, 지극히 강건(剛健)하고 광명(光明)하며 건조(乾燥)하는 등 양의 모든 특성을 갖고 있다. '모든 것에 앞서고, 모든 것을 다스린다'는 뜻에서 자연에서는 하늘[天]이다.

인사에서는 아버지[父]에 해당하고, 인체에서는 머리[首]를 말한다. 물상으로는 건장한 말[馬]·큰 나무 위에 달린 열매[實], 음양오행으로는 단단한 양금(陽金), 방위로는 서북(西北)방이며 메마르고 추운 날씨이다.

② ☱ 태(兌)

괘명은 태(兌). **이태택(二兌澤)**은 괘의 순서·괘명·상징물, **태상절(兌上絶)**은 괘의 형상을 의미. '이태택'에서 '이(二)'는 팔괘 중에서 두 번째로 나왔다는 뜻이고, '태(兌)'는 괘의 이름이며, '택(澤)'은 괘의 자연 상징물은 연못[澤]이라는 뜻이다. '태상절'은 괘의 형상을 설명한 것으로 태괘는 아래의 두 효는 이어지고 위의 효만 끊어졌다[상절(上絶)]는 뜻이다.

兌(기쁠 태)는 유약한 음 하나가 강건한 두 양의 위에 있으므로, 속이 견실한 가운데 기쁨을 누리는 뜻이 있다. 아래는 두 양으로 막혀 있고 위에는 음이 있어 땅 위에 물이 모여있는 연못의 모습이다.

인사로는 음이 제일 나중에 나온 것이므로 소녀(少女)이다. 유약하지만 부드러움으로 강건한 양을 서서히 침범하여 훼손시키고 무너뜨리는 특성이 있다. 따라서 구설수가 생긴다는 뜻이 있으며, 교태를 부리거나 아첨을 함으로써 굳건한 마음을 흔들리게 하는 것이다. 물상으로는 입[口]·양(羊) 등, 음양오행으로는 연한 음금(陰金), 방위로는 정서(正西)방이며 서늘한 날씨이다.

③ ☲ 리(離)

괘명은 리(離). **삼리화(三離火)**는 괘의 순서·괘명·상징물, **이허중(離虛中)**은 괘의 형상을 의미. '삼리화'에서 '삼(三)'은 팔괘 중에서 세 번째로 나왔다는 뜻이고, '리(離)'는 괘의 이름이며, '화(火)'는 괘의 자연 상징물은 불이라는 뜻이다. '이허중(離虛中)'은 괘의 형상을 설명한 것으로 리괘는 가운데 효만 비었다[허중(虛中)]는 뜻이다.

離(떠날 리, 걸릴 리)는 하나의 음이 두 양의 사이에 들어있는 상으로, 밖은 밝고(양) 안은 어두우므로(음) 불이 주위는 환하게 비추지만 속은 어두운 모습이다. 해가 동에서 서로 떠난다는 뜻과 해가 하늘에 걸려 있다는 뜻이 있다.

인사에서는 음이 두 번째로 나온 것이므로 중녀(中女)에 해당하고, 인체에서는 밝은 눈[目]을 말한다. 물상으로는 밝은 해, 껍질은 단단하나 속은 부드러운 거북·조개 등, 음양오행으로는 불[火], 방위로는 남(南)이며 해가 나서 맑은 날씨이다.

④ ☳ 진(震)

괘명은 진(震). **사진뢰(四震雷)**는 괘의 순서·괘명·상징물, **진하련(震下連)**은 괘의 형상을 의미. '사진뢰'에서 '사(四)'는 팔괘 중에서 네 번째로 나왔다는 뜻이고, '진(震)'은 괘의 이름이며, '뢰(雷)'는 괘의 자연 상징물은 우레라는 뜻이다. '진하련'은 괘의 형상을 설명한 것으로 진괘는 아래 효만 이어졌다[하련(下連)]는 뜻이다.

震(벼락 진, 움직일 진)은 두 음의 아래에 하나의 양이 있는 상으로, 벼락(우레)이 아래로 치는 모습이다. 양은 위로 올라가는 성질이 있으므로, 아래에 있는 하나의 양이 밖으로 강건히 움직여 나가는 것이다. 따라서 우레가 움직여 진동하는 뜻이 있다. 또한 땅속의 초목이 처음으로 싹터 나오는 상이다.

인사에서는 양이 처음으로 나온 것이므로 장남(長男)에 해당하고, 인체에서는 발[足]을 말한다. 물상으로는 용틀임하는 용(龍)·큰길 등 주로 움직이는 것, 또는 그 도구, 음양오행으로는 밖으로 크게 성장하는 나무인 양목(陽木), 방위로는 해 뜨는 동(東)방이다.

⑤ ☴ 손(巽)

괘명은 손(巽). **오손풍(五巽風)**은 괘의 순서·괘명·상징물, **손하절(巽下絶)**은 괘의 형상을 의미. '오손풍'에서 '오(五)'는 팔괘 중에서 다섯 번째로 나왔다는 뜻이고, '손(巽)'은 괘의 이름이며, '풍(風)'은 괘의 자연 상징물은 바람이라는 뜻이다. '손하절'은 괘의 형상을 설명한 것으로 손괘는 아래 효만 끊어졌다[하절(下絶)]는 뜻이다.

巽(공손할 손)은 아래가 음으로 뚫려 있으므로 부드러운 바람이 안으로 들어오는 상이다. 하나의 유약한 음이 두 강건한 양의 아래에 엎드려 있으므로 공손하고 겸양하여 자신을 낮추는 뜻이 있다.

인사에서는 음이 처음으로 나온 것이므로 장녀(長女)에 해당하고, 인체에서는 허벅지[股(넓적다리 고)]를 말한다. 물상으로는 넝쿨·닭 등 주로 안으로 파고드는 부류, 중풍(中風)이고, 음양오행으로는 부드러운 나무인 음목(陰木), 방위로는 동남(東南)방이다.

⑥ ☵ 감(坎)

괘명은 감(坎). **육감수(六坎水)**는 괘의 순서·괘명·상징물, **감중련(坎中連)**은 괘의 형상을 의미. '육감수'에서 '육(六)'은 팔괘 중에서 여섯 번째로 나왔다는 뜻이고, '감(坎)'은 괘의 이름이며, '수(水)'는 감괘의 자연 상징물은 물이라는 뜻이다. '감중련'은 감괘의 형상을 설명한 것으로 감괘는 가운데 효만 이어졌다[중련(中連)]는 뜻이다.

坎(구덩이 감, 빠질 감)은 하나의 양이 두 음 사이에 빠져 있으므로 험난한 물구덩이의 상이다. 위아래가 음으로 뚫려 있으므로 물이 고여있지 못하고 위아래로 빠져나가는 상이다.

인사에서는 양이 두 번째로 나온 것이므로 중남(中男)에 해당하고, 인체에서는 귀[耳]를 말한다. 물상으로는 달(밤에 빛남)·구덩이(빠져서 어두움)·무지한 돼지(어리석음)·도둑 등 주로 어둠 속에서 움직이는 부류, 음양오행으로는 수(水), 방위로는 북(北)방이며 매운 추운 날씨이다.

⑦ ☶ 간(艮)

괘명은 간(艮). **칠간산(七艮山)**은 괘의 순서·괘명·상징물, **간상련(艮上連)**은 괘의 형상을 의미. '칠간산'에서 '칠(七)'은 팔괘 중에서 일곱 번째로 나왔다는 뜻이고, '간(艮)'은 괘의 이름이며, '산(山)'은 괘의 자연 상징물은 산이라는 뜻이다. '간상련'은 괘의 형상을 설명한 것으로 간괘는 위의 효만 이어졌다[상련(上連)]는 뜻이다.

艮(그칠 간)은 하나의 양이 두 음의 위에 있으므로 양이 더 나아가지 못하고 그치어 있는 산의 모습이다. 아래의 두 음이 더 이상 자라지 못하도록 맨 위의 양이 가로막고 있는 상이다.

인사에서는 양이 제일 나중에 나온 것이므로 소남(少男)에 해당하고, 인체에서는 손[手]을 말한다. 물상으로는 집을 지키는 개, 작은 길, 작은 돌 등 주로 어리거나 크게 움직이지 않는 작은 부류, 음양오행으로는 양토(陽土)로서 높은 언덕·산, 방위로는 새벽을 여는 동북(東北)방이다.

⑧ ☷ 곤(坤)

괘명은 곤(坤). **팔곤지(八坤地)**는 괘의 순서·괘명·상징물, **곤삼절(坤三絶)**은 괘의 형상을 의미. '팔곤지'에서 '팔(八)'은 팔괘 중에서 여덟 번째로 나왔다는 뜻이고, '곤(坤)'은 괘의 이름이며, '지(地)'는 괘의 자연 상징물은 땅이라는 뜻이다. '곤삼절'은 괘의 형상을 설명한 것으로 곤괘는 세 효가 모두 끊어졌다[삼절(三絶)]는 뜻이다.

坤(땅 곤)은 세 효 모두 음이므로 지극히 유순하고 광활하며 습하다. 안이 모두 비어 만물을 포용할 수 있는 상이므로 만물을 생육하는 땅이며 다산(多産)을 뜻한다.

인사에서는 어머니[母]에 해당하고, 인체에서는 오장육부가 들어 있는 배[腹(배 복)]를 말한다. 물상으로는 유순한 소[牛]·넓은 땅 등이 속한다. 음양오행으로는 음토(陰土)로서 평탄한 대지, 방위로는 서남(西南)방이다.

팔괘의 특성

괘상	☰	☱	☲	☳	☴	☵	☶	☷
괘명	건(乾)	태(兌)	리(離)	진(震)	손(巽)	감(坎)	간(艮)	곤(坤)
수 선천	1	2	3	4	5	6	7	8
수 후천	6	7	9	3	4	1	8	2
자연(상징)	하늘(天)	연못(澤)	불(火)	우레(雷)	바람(風)	물(水)	산(山)	땅(地)
인간	아버지	소녀	중녀	장남	장녀	중남	소남	어머니
성질	강건 건(健)	기쁨 열(說)	걸림 려(麗)	움직임 동(動)	공손 들어감(入)	빠짐 함(陷)	그침 지(止)	유순 순(順)
신체	머리	입	눈	발	허벅지	귀	손	배
방위*	서북	서	남	동	동남	북	동북	서남
음양오행	양금	음금	화	양목	음목	수	양토	음토

* 방위는 후천팔괘를 참고한다(21쪽).

복희(伏羲) 선천팔괘는 천도(天道)의 운행을 그대로 본받은 것으로, 팔괘를 생성된 순서대로 태극의 문양(☯)으로 배치한 것이다.
(1건, 2태, 3리, 4진, 5손, 6감, 7간, 8곤)

문왕(文王) 후천팔괘는 주역에서 실제로 사용하는 방위를 말하며6), 각 괘의 순서는 낙서(洛書)의 구궁(九宮)의 수에 따른다.7)
(1감, 2곤, 3진, 4손, 5중, 6건, 7태, 8간, 9리)

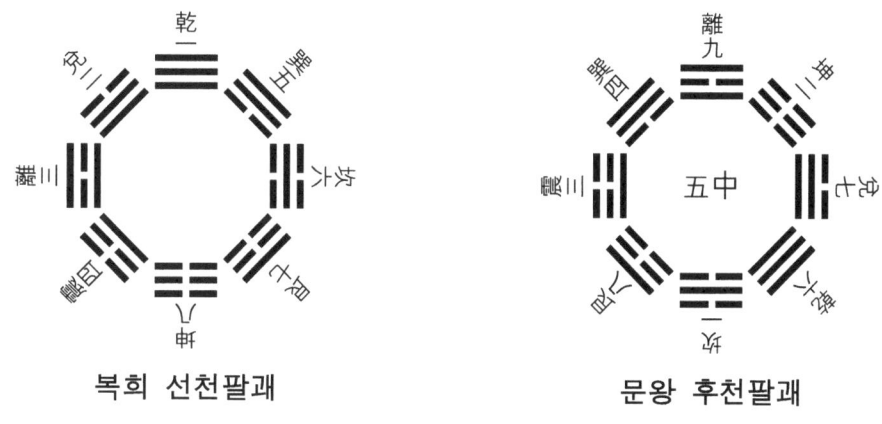

복희 선천팔괘　　　　　문왕 후천팔괘

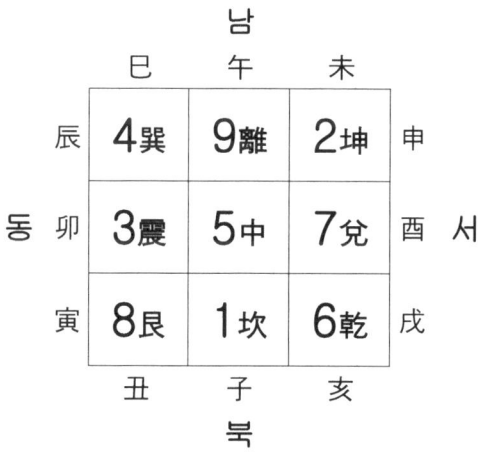

후천팔괘와 구궁(九宮)

---

6) 앞 <팔괘의 특성>에서 방위이다.
7) 가운데 5를 중심으로 8방에 수가 배열된 9궁의 상인데, 가운데 5를 중심으로 가로·세로·대각선으로 각각 세 수를 합하면 15가 되는 마방진(魔方陣)이 된다.

제3장. 대성괘

대성괘(大成卦)는 소성괘인 팔괘가 서로 상하(내외)로 짝을 이루어 만들어진(8×8=64) 괘로 64괘라고 한다.

1. 대성괘를 읽는 법

대성괘에서 위에 있는 괘를 상괘(밖에 있다 하여 외괘), 아래에 있는 괘를 하괘(안에 있다 하여 내괘)라고 한다.

64괘를 읽을 때는 먼저 팔괘의 자연(상징)을 상괘와 하괘의 순서로 읽은 후에, 그 괘상(卦象)이 모여서 이루어진 괘의 이름(卦名)을 읽는다.

▶ 다른 괘로 합쳐진 경우

위에는 물(水), 아래는 우레(雷)이니 수뢰(水雷)의 괘상이 되고, 둔(屯)은 괘명이 된다.

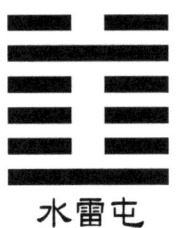

▶ 같은 괘가 거듭된 경우

위에도 하늘(天), 아래도 하늘(天)이므로 하늘이 거듭했다(겹쳐졌다)고 하여 중천(重天)의 괘상이 되고, 건(乾)은 괘명이 된다.

* 重(무거울 중): 접두사로는 무언가 겹쳐졌거나 둘이 합쳐졌음을 의미.
☞ 車가 위아래로 두 개 겹쳐져서 포개진 모습.

주역 64괘

1.중천건 重天乾	2.중지곤 重地坤	3.수뢰둔 水雷屯	4.산수몽 山水蒙	5.수천수 水天需	6.천수송 天水訟	7.지수사 地水師	8.수지비 水地比
9.풍천소축 風天小畜	10.천택리 天澤履	11.지천태 地天泰	12.천지비 天地否	13.천화동인 天火同人	14.화천대유 火天大有	15.지산겸 地山謙	16.뇌지예 雷地豫
17.택뢰수 澤雷隨	18.산풍고 山風蠱	19.지택림 地澤臨	20.풍지관 風地觀	21.화뢰서합 火雷噬嗑	22.산화비 山火賁	23.산지박 山地剝	24.지뢰복 地雷復
25.천뢰무망 天雷无妄	26.산천대축 山天大畜	27.산뢰이 山雷頤	28.택풍대과 澤風大過	29.중수감 重水坎	30.중화리 重火離	31.택산함 澤山咸	32.뇌풍항 雷風恒
33.천산돈 天山遯	34.뇌천대장 雷天大壯	35.화지진 火地晉	36.지화명이 地火明夷	37.풍화가인 風火家人	38.화택규 火澤睽	39.수산건 水山蹇	40.뇌수해 雷水解
41.산택손 山澤損	42.풍뢰익 風雷益	43.택천쾌 澤天夬	44.천풍구 天風姤	45.택지취 澤地萃	46.지풍승 地風升	47.택수곤 澤水困	48.수풍정 水風井
49.택화혁 澤火革	50.화풍정 火風鼎	51.중뢰진 重雷震	52.중산간 重山艮	53.풍산점 風山漸	54.뇌택귀매 雷澤歸妹	55.뇌화풍 雷火豐	56.화산려 火山旅
57.중풍손 重風巽	58.중택태 重澤兌	59.풍수환 風水渙	60.수택절 水澤節	61.풍택중부 風澤中孚	62.뇌산소과 雷山小過	63.수화기제 水火既濟	64.화수미제 火水未濟

2. 효(爻)의 명칭

음효(--)는 육(六), 양효(—)는 구(九)라고 하고,8) 그 자리(위치)에 따라 아래에서부터 초(初)·이(二)·삼(三)·사(四)·오(五)·상(上)효라고 부른다.

맨 처음 초효와 마지막 상효는 효의 자리[초·상]를 먼저 말한 후, 그 효의 음양[육·구]을 말한다. 다른 효는 효의 음양[육·구]을 먼저 읽은 후, 그 효의 자리[이·삼·사·오]를 말한다.

이것은 초(初)·상(上)효는 일의 시작과 끝이므로 그때가 중요하고, 이·삼·사·오효는 일이 진행되는 때이므로 그 재질(음양)이 중요하기 때문이다.

효위	중천건(重天乾)	효명	
상		상구	양(九)이 맨 위에 있으므로 상구(上九)
오		구오	양(九)이 다섯째 자리에 있으므로 구오(九五)
사		구사	양(九)이 넷째 자리에 있으므로 구사(九四)
삼		구삼	양(九)이 셋째 자리에 있으므로 구삼(九三)
이		구이	양(九)이 둘째 자리에 있으므로 구이(九二)
초		초구	양(九)이 맨 아래에 있으므로 초구(初九)

효위	중지곤(重地坤)	효명	
상		상육	음(六)이 맨 위에 있으므로 상육(上六)
오		육오	음(六)이 다섯째 자리에 있으므로 육오(六五)
사		육사	음(六)이 넷째 자리에 있으므로 육사(六四)
삼		육삼	음(六)이 셋째 자리에 있으므로 육삼(六三)
이		육이	음(六)이 둘째 자리에 있으므로 육이(六二)
초		초육	음(六)이 맨 아래에 있으므로 초육(初六)

---

8) 1~10까지 수에서 1~5는 생수(生數), 6~10은 성수(成數)라 한다. 생수 가운데 양수(1·3·5)를 합하면 9(구)가 되고, 음수(2·4)를 합하면 6(육)이 된다.

효위	수뢰둔(水雷屯)	효명	
상	▬▬ ▬▬	상육	음(六)이 맨 위에 있으므로 상육(上六)
오	▬▬▬▬▬	구오	양(九)이 다섯째 자리에 있으므로 구오(九五)
사	▬▬ ▬▬	육사	음(六)이 넷째 자리에 있으므로 육사(六四)
삼	▬▬ ▬▬	육삼	음(六)이 셋째 자리에 있으므로 육삼(六三)
이	▬▬ ▬▬	육이	음(六)이 둘째 자리에 있으므로 육이(六二)
초	▬▬▬▬▬	초구	양(九)이 맨 아래에 있으므로 초구(初九)

효위	산수몽(山水蒙)	효명	
상	▬▬▬▬▬	상구	양(九)이 맨 위에 있으므로 상구(上九)
오	▬▬ ▬▬	육오	음(六)이 다섯째 자리에 있으므로 육오(六五)
사	▬▬ ▬▬	육사	음(六)이 넷째 자리에 있으므로 육사(六四)
삼	▬▬ ▬▬	육삼	음(六)이 셋째 자리에 있으므로 육삼(六三)
이	▬▬▬▬▬	구이	양(九)이 둘째 자리에 있으므로 구이(九二)
초	▬▬ ▬▬	초육	음(六)이 맨 아래에 있으므로 초육(初六)

육효의 의미

효위	사회	사람	가족	연령	일(日)·주(週)
상효	上王·國師(고문·자문위원)	머리	조부모	76~	6
오효	王(대통령)	어깨	부	61~75	5
사효	公·卿(국무총리·장차관)	몸통	형(자)	46~60	4
삼효	大夫(도지사·시장·구청장)	허벅지	제(매)	31~45	3
이효	士(실무 관리)	장딴지	모	16~30	2
초효	民(국민)	발	자손	1~15	1

제4장. 괘의 해석

1. 괘의 관계

64괘(대성괘)를 해석하려면 먼저 어떤 형질의 팔괘(소성괘)가 서로 짝을 이루어 괘를 형성했는지를 살펴야 하고, 다음으로 주효(主爻)를 살피며, 효의 때와 재덕(才德)을 말하는 중정(中正)의 여부와 주변 효와의 관계인 응비(應比) 등을 살피고, 효의 자리가 속한 지위를 살핀 후 사리에 맞게 해석하여야 한다.

괘를 해석하는 데는 본괘(本卦)·지괘(之卦)·호괘(互卦)를 중시해서 보고, 배합괘(配合卦)·도전괘(倒轉卦)·착종괘(錯綜卦)는 참고로 본다.

(1) 본괘·지괘·호괘

본괘(本卦)는 괘를 뽑아서 처음 나온 괘로, 어떤 일을 하려고 할 때 현재 처해 있는 상황(體)을 말하며, 지괘(之卦)는 본괘에서 효(爻)가 동(動)하여 변해간 괘로, 자신의 노력과 주변 환경에 따라 앞으로 진행되어 나가는 과정과 결과(用)를 뜻한다. 동효(動爻)는 음양이 바뀌어 작용한다.

호괘(互卦)는 본괘의 2·3·4효를 하괘·내호괘(內互卦), 본괘의 3·4·5효를 상괘·외호괘(外互卦)로 한다. 호괘는 괘 안에 내포된 성격과 자질·의미 등을 말한다.

따라서 괘를 해석할 때는 먼저 본괘의 구성을 살펴야 하고(현재의 능력과 처해 있는 환경), 다음으로 지괘(진행 과정과 결과), 호괘(내포된 성격과 의미)를 살펴야 한다. 그리고 본괘에서 동한 효도 참고한다.

본괘와 지괘·호괘는 그 괘사(卦辭)와 괘의 설명을 참고해서 해석하고, 본괘에서 동한 효는 그 효사(爻辭)와 효의 설명을 참고한다.

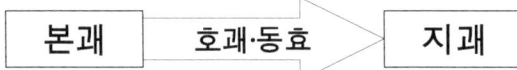

水雷屯 　　　　　　　　 地雷復
수뢰둔(水雷屯)의 5효가 동하였다면
지괘는 지뢰복(地雷復)

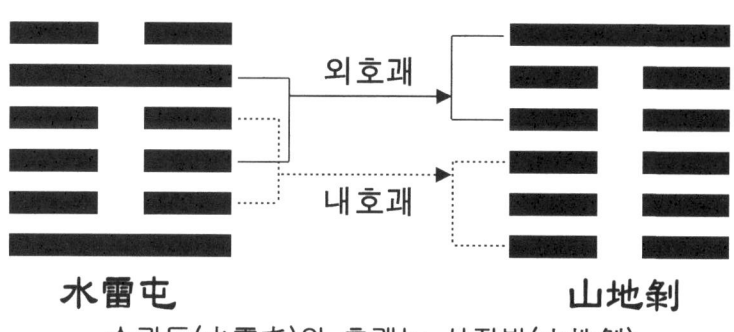

水雷屯 　　　　　　　　 山地剝
수뢰둔(水雷屯)의 호괘는 산지박(山地剝)

(2) 배합괘·도전괘·착종괘

배합괘(配合卦)는 여섯 효 모두의 음양이 바뀐 괘로, 음양이 재질이 뒤바뀐 상황으로 인한 변화를 살필 때 쓴다.

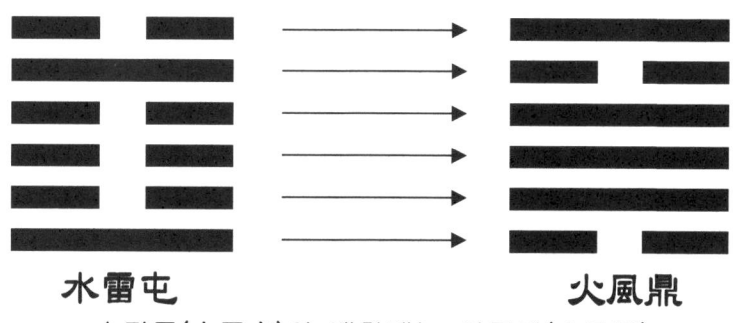

水雷屯 　　　　　　　　 火風鼎
수뢰둔(水雷屯)의 배합괘는 화풍정(火風鼎)

도전괘(倒轉卦)는 본괘를 반대편으로 뒤집어 본 괘로, 제3자의 입장에서 일의 경과를 살필 때 쓴다.

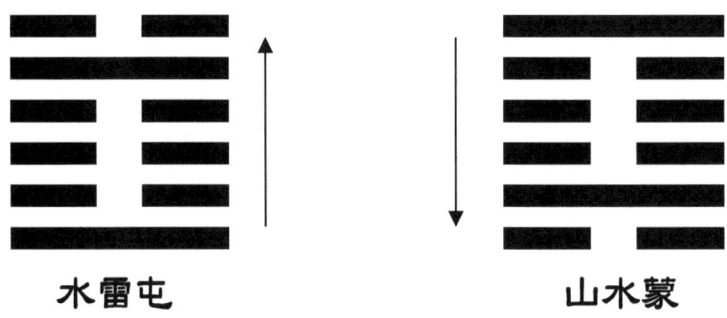

수뢰둔(水雷屯)의 도전괘는 산수몽(山水蒙)

착종괘(錯綜卦)는 본괘의 상괘와 하괘의 위치가 바뀐 괘로, 상하의 위치가 바뀜으로 인한 변화를 살필 때 쓴다.

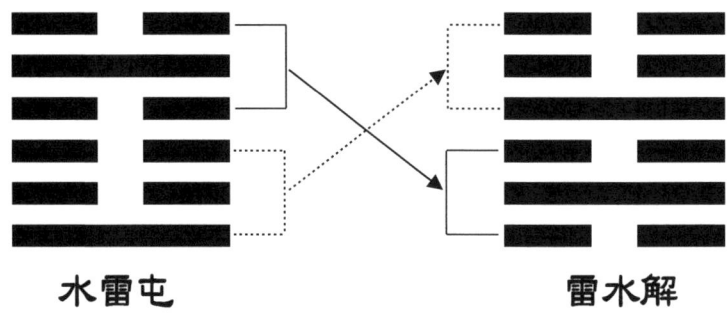

수뢰둔(水雷屯)의 착종괘는 뇌수해(雷水解)

2. 효의 관계

괘를 판단하는 데 있어서 또 중요한 것은 각 효 사이에 있어서의 상관관계인 중정응비(中正應比)이다. 중과 정은 효 자체의 덕목과 재질 유무, 응과 비는 주변 효와의 관계를 말한다.

중은 때와 중용의 덕을 얻은 것, 정은 자신에게 맞는 자리에서 바른 행동을 하는 것, 응은 정당한 사귐으로 서로 돕는 것, 비는 사사로이 친하게 서로 돕는 것을 뜻한다.

(1) 중정응비(中正應比)

① 중(中)

여섯 효 중에서 하괘의 가운데 효인 2효와 상괘의 가운데 효인 5효를 중(中)이라고 한다. 2효나 5효 자리를 얻은 것을 득중(得中)이라고 한다. 그 외 효는 부중(不中)이 된다. 득중은 때[時]와 중용(中庸)의 덕을 얻은 것이다. 득중한 효는 길하다는 의미가 강하다.

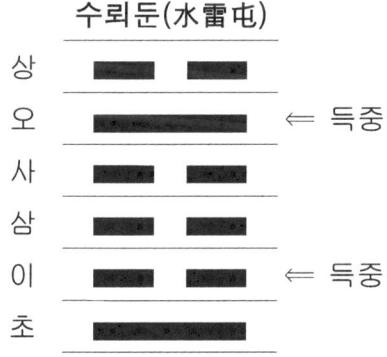

② 정(正)

여섯 효 중에서 초(初)·삼(三)·오(五)는 홀수로서 양(陽)자리이고, 이

(二)·사(四)·상(上)은 짝수로서 음(陰)자리이다. 양자리에 양효(—)가 오고, 음자리에 음효(--)가 오는 것을 마땅하고 바른 자리를 얻었다는 뜻으로 득정(得正) 또는 득위(得位)라고 한다. 이와 반대로 양자리에 음효가 오고, 음자리에 양효가 오는 것을 부정(不正) 또는 실위(失位)라고 한다. 부정한 효는 바르지 못하게 행동함으로써 후회와 인색함이 따른다고 본다.

수뢰둔(水雷屯)

상	-- --	득정
오	——	득정
사	-- --	득정
삼	-- --	부정
이	-- --	득정
초	——	득정

③ 응(應)

여섯 효 중에서 초(初)효와 사(四)효, 이(二)효와 오(五)효, 삼(三)효와 상(上)효는 서로 짝을 지어 응한다고 한다. 음과 양으로 응하면 정응(正應)이라 하고, 양과 양이나 음과 음으로 대하면 무응(无應)이라고 한다. 정응은 공식적이며 올바르고 정당한 사귐으로 서로 돕는 것이다.

④ 비(比)

서로 이웃한 효끼리의 관계를 말하는데 양효와 음효가 서로 이웃하는 것을 상비(相比)라고 한다. 상비는 비공식적이며 사적으로 서로 좋아 돕는 것으로 정당한 사귐은 아니다.

(2) 주효(主爻)

1) 팔괘의 주효

① 건(☰)과 곤(☷)은 양효나 음효로만 구성되었으므로 득중한 효인 2효가 주효이다.

② 진(☳)·감(☵)·간(☶)은 양효 하나와 음효 둘로 구성되었으므로 양효가 주효이다. 진(震)은 양이 음 아래에서 움직이는 것이고, 감(坎)은 양이 음 속에 빠져 험한 것이고, 간(艮)은 양이 음 위에 그쳐 있는 것이다.

③ 태(☱)·리(☲)·손(☴)은 음효 하나와 양효 둘로 구성되었으므로 음효가 주효이다. 태(兌)는 음이 양 위에서 기뻐하는 것이고, 리(離)는 음이 양 사이에 걸려 있는 것이고, 손(巽)은 음이 양 아래로 들어온 것이다.

2) 64괘의 주효

① 중천건(䷀)처럼 양효로만 구성된 괘는 득중하고 득정한 구오(九五)효가 주효이다. 중천건은 하늘을 뜻하므로 높은 데가 주효이다.

② 중지곤(䷁)처럼 음효로만 구성된 괘는 득중하고 득정한 육이(六二)효가 주효이다. 중지곤은 땅을 뜻하므로 낮은 데가 주효이다.

③ 지수사(䷆)처럼 음효 다섯에 양효 하나로만 구성된 괘는 양효가 주효이다.

④ 풍천소축(䷈)처럼 양효 다섯에 음효 하나로만 구성된 괘는 음효가 주효이다.

64괘 조견표

상괘﹨하괘	1천	2택	3화	4뇌	5풍	6수	7산	8지
1천	1.건	43.쾌	14.대유	34.대장	9.소축	5.수	26.대축	11.태
2택	10.리	58.태	38.규	54.귀매	61.중부	60.절	41.손	19.림
3화	13.동인	49.혁	30.리	55.풍	37.가인	63.기제	22.비	36.명이
4뇌	25.무망	17.수	21.서합	51.진	42.익	3.둔	27.이	24.복
5풍	44.구	28.대과	50.정	32.항	57.손	48.정	18.고	46.승
6수	6.송	47.곤	64.미제	40.해	59.환	29.감	4.몽	7.사
7산	33.돈	31.함	56.려	62.소과	53.점	39.건	52.간	15.겸
8지	12.비	45.취	35.진	16.예	20.관	8.비	23.박	2.곤

제5장. 64괘 요약 총정리

1	重天乾 ䷀	하늘 높이 올라간 용, **강건(剛健)**, 굳셈, 하늘, 최고, 쇠퇴, 모든 것에는 때가 있다
2	重地坤 ䷁	만물을 기르는 땅, 평화와 번영을 위한 유일 원리, **포용(包容)**, 상생, 평온, 온화(穩和)
3	水雷屯 ䷂	구름 속의 물, 천지개벽 후 초기의 어려움, 고난, **인내(忍耐)**, 어려움, 고진감래
4	山水蒙 ䷃	어린 싹이 자라남, 어두움, 몽매, 윗사람의 도움, 교육, 지도(指導), 배움, **계몽(啓蒙)**
5	水天需 ䷄	하늘에 뜬 구름, 음식, 잔치, 유유자적, 여유, **기다림**, 기대(期待), 어떻게 때(기회)를 기다릴 것인가
6	天水訟 ䷅	배를 타고 가다 풍랑을 만남, 다툼, **분쟁(紛爭)**, 재판, 소송, 논쟁, 의견 충돌, 정치판의 생리
7	地水師 ䷆	땅 가운데 흐르는 물, 리더, **통솔(統率)**, 지휘, 거느림, 영도(領導), 리더십, 전쟁, 군인의 길
8	水地比 ䷇	땅을 적시는 비, **상부상조(相扶相助)**, 서로 도움, 상호협력, 서로 친밀, 일사분란, 진정한 스포츠맨십
9	風天小畜 ䷈	구름만 끼고 비는 오지 않는다, 조금 더 기다려라, 조금 지체, 조금 쌓음(축적), **작은 성취(성공)와 행복**
10	天澤履 ䷉	호랑이 꼬리를 밟는 상, 편안한 가운데 위험, 신중, 직언, 극기복례, 실행(實行), **실천(實踐)**, 2인자
11	地天泰 ䷊	하늘과 땅의 교감, **태평(泰平)**, 평안, 천하태평, 국태민안(國泰民安), 신중, 경계, 지금은 평안하지만 어려운 때를 대비
12	天地否 ䷋	산중에 홀로 앉아 도를 닦는 사람, 막힘, **불통(不通)**, 은인자중(隱忍自重), 근신(謹愼, 삼가고 조심함), 눈앞이 캄캄
13	天火同人 ䷌	어두운 밤길에 등불을 얻은 상, 협동사업, 함께 모임, **대동단결(大同團結)**, 공동(共同), 공동체
14	火天大有 ䷍	중천에 떠 있는 해(태양), **대길(大吉)**, 크게 뻗어감, 크게 형통, 순리(順利), 부자(재벌)의 이력서
15	地山謙 ䷎	태산이 스스로 낮추어 땅 아래 있다, **겸손(謙遜)**, 겸양, 서로 양보[互讓], 강한 자만이 겸손
16	雷地豫 ䷏	우레가 땅 위에 떨침, 미리 준비, 계획, 성취, 경사, **기쁨**, 즐거움

17	澤雷隨 ䷐	양공(良工)이 옥을 갈고 깎아 그릇을 만든다, 성취, 수행(隨行), 서로 따름, 순종(順從), 수시(隨時), 때맞춰 따름, **시절에 순응함**
18	山風蠱 ䷑	산 아래 바람이 휘몰아친다, **문제 발생**, 일이 생김, 배신, 손해, 쇄신(刷新), 개혁, 거듭 새롭게 함[重新]
19	地澤臨 ䷒	연못이 땅을 윤택하게 적신다, **일에 임함**, 거느림, 다스림, 군림(君臨), 선거 출마, 직위 추대, 돌진, 분발해서 전진
20	風地觀 ䷓	주변을 관찰하고 반성, **관찰(觀察)**, 관망, 승진, 온중(穩重), 정관(正觀)
21	火雷噬嗑 ䷔	음식을 입 안에 넣고 씹어서 합한다, 형벌, 옥사(獄事), 매듭 지음, **장애물 제거**, 합치(合致)
22	山火賁 ䷕	산속에서 활활 타는 불, 울긋불긋 단풍, **아름답게 꾸밈**, 속임수, 사기 조심, 실속 없다, 장식, 치장, 겉모습, 외양
23	山地剝 ䷖	산이 깎여 나감, **쇠락(衰落)**, 쇠진(衰盡), 깎임, 잠시 정지, 신중, 수양, 꽉 막힌 시기
24	地雷復 ䷗	꽁꽁 언 땅에 봄이 왔다, 땅을 파서 금을 얻음, **회복(回復)**, 호전(好轉), 좋아지기 시작, 긍정적으로 복귀
25	天雷无妄 ䷘	소리만 크고 실속이 없다, **천명(天命)에 순응(順應)**, 근신(謹愼), 인내, 침착, 원칙주의, 근심 없음
26	山天大畜 ䷙	티끌 모아 태산, 성실 근면 부지런, 야망, 견고하게 높이 쌓음, **크게 쌓음**, 큰 성공, 널리 베풂
27	山雷頤 ䷚	입 안의 음식, 위아래 턱, 언어 신중, 말조심, 구설(口舌) 조심, 음식 절제, 분수 지킴, **길러냄**, 양육(養育), 수양(修養)
28	澤風大過 ䷛	연못에 물이 많아 오히려 나무가 멸함, 본말전도(本末顚倒), **과유불급(過猶不及)**, 초과(超過), 너무 지나침·허물
29	重水坎 ䷜	물구덩이에 거듭 빠진다, 거듭 험한 데 빠짐, **거듭 험난함**, 곤경, 다난(多難), 어려움 봉착, 어려움 감내
30	重火離 ䷝	해와 달이 하늘에서 밝게 빛난다, 광명(光明), 정열, **거듭된 밝음**, 밤낮이 끊임없이 순환, 하늘에 떠 있다(걸려 있다)
31	澤山咸 ䷞	산 위의 연못, **젊은 남녀의 교감**, 사랑의 감정, 연애, 음양의 조화, 마른 땅에 비가 내림, 윤택(潤澤)
32	雷風恒 ䷟	성인 남녀가 합심, **부부(夫婦)**, 혼인, **항상(恒常)**, 한결같음, 지속, 불변, 항구(恒久)

33	天山遯 ䷠	처음은 곤란하나 나중은 평안, 2보 전진을 위한 1보 후퇴, 전술적 퇴각, **잠시 물러남**, 36계(일단 달아나고 후일을 도모)
34	雷天大壯 ䷡	소리만 요란하고 실상은 없다, 속빈 강정, 실속 없다, 매우 굳세고 장대(壯大), **매우 씩씩함**
35	火地晉 ䷢	**태양이 지평선 위로 떠올라 땅을 비춤**, 전쟁터로 나아가는 장엄한 기상, 순풍에 돛단배, 전진, 진척, 충진(衝進)
36	地火明夷 ䷣	태양이 땅 아래로 짐, 암흑, 쇠퇴, 밝음이 상함, 때를 얻지 못한 현자(賢者)
37	風火家人 ䷤	바람을 타고 불이 일어남, 장녀가 가정을 이끌고 차녀가 함께 가사를 도움, **여자가 집안일을 바르게 함**, 아내의 도(道)
38	火澤睽 ䷥	(밖의 불은 위로 타오르고 안의 못물은 아래로 고여) **서로 어긋남**, 다툼, 불화, 반목, 대립, 호랑이가 함정에 빠지다.
39	水山蹇 ䷦	언 발로 산길을 걷다, 진퇴양난, **총체적 난국**, 어려움 발생, 자신을 돌이켜 근신
40	雷水解 ䷧	봄바람에 눈 녹다, **해결(解決)**, 해동, 해방, 해소, 운이 풀리기 시작
41	山澤損 ䷨	산이 물을 막아 못을 이룬다, 남을 도움, 복지 지원, 사회봉사, **투자**, **교육**, 선손후득(先損後得)
42	風雷益 ䷩	봄에 뿌린 씨가 열매를 맺어 가을에 **수확(收穫)**, 이익, 공익, 풍작, 불안정
43	澤天夬 ䷪	강한 양기가 위로 치받쳐 오름, 칼을 들고 진중 호령, 항쟁, **결단(決斷)**, 결렬, 겸손, 훈계
44	天風姤 ䷫	해와 달이 어두워지다가 다시 밝아진다, **우연히(다시) 만남**, 혼인(婚姻), 사고(事故), 실물(失物)
45	澤地萃 ䷬	물고기와 용이 바다에 모인다, 모임, 협조, 성공, 다시 모음, **집합(集合)**, 대중을 상대
46	地風升 ䷭	새싹이 땅 위로 돋는다, 맹아(萌芽), **상승(上昇)**, **발전**, 진전, 입신출세, 승진, 성장
47	澤水困 ䷮	물이 빠져버린 못, 못물이 말라붙어 **곤궁(困窮)**, 곤경, 막힘, 은인자중(隱忍自重), **절처봉생(絶處逢生)**, 침묵하라
48	水風井 ䷯	우물 안의 두레박, **혜택을 베품**, 양보, 협동, 초지일관, 우물 고침(수리), 신중, 민심을 얻음

49	澤火革 ䷰	굼벵이가 매미로 변신, 옛것을 버리고 새것을 취함, **혁신**, **변혁**, 개혁, 고치고 바꿈, 분기(分岐)
50	火風鼎 ䷱	솥 안에서 음식물을 익힌다, **잔치·연회를 베풀다**, 합심, 쇄신, 안정, 존귀, 공평한 분배
51	重雷震 ䷲	우레 소리가 사방에 진동, 활동, 크게 발전, 만물을 **크게 진작(振作)시킴**, 위엄을 떨침, 실속 없다, 반성(反省)
52	重山艮 ䷳	산 넘어 산, **첩첩산중**, **그침**, 지체, 막힘, 저지당함, 정지(停止), 멈춤, 수양, 수도자(修道者)
53	風山漸 ䷴	나무가 산 위에서 자란다, **점진적 성과**, 완만, 출가, 시집감, 혼인을 앞둔 여성
54	雷澤歸妹 ䷵	누이동생을 시집보냄, 부적절한 관계, 애정 문제, 계산적인 결혼, 정략결혼, **첩·재취로 시집감**, 부정(不正)
55	雷火豊 ䷶	보름달, 중천에 뜬 해(日中光明), 풍요, **풍성**, **후쇠(後衰)**, 하락, 겸허
56	火山旅 ䷷	산불, 떠돌이, 나그네, **여행(객)**, **방랑자**, 노마드(nomad, 유목민·방랑자), 불안정, 잠시 떠돌다
57	重風巽 ䷸	들판에 바람이 분다, **겸손**, 순종(順從), 독립성 결여, 다시 되돌아 감[重復]
58	重澤兌 ䷹	달이 못에 비친다, 비가 만물을 적신다, 소녀들, **즐거움**, **기쁨**, 겸손, 성실, 춘풍득의(春風得意)
59	風水渙 ䷺	물 위에 부는 봄바람, 희망, 문제 풀림, 고난 해소, **흩어짐**, 분열(分裂), 분기(分岐)
60	水澤節 ䷻	연못에 가득 찬 물, **절제(節制)**, 절도, 절약, 예의범절, 마디, 마감·매듭·마무리
61	風澤中孚 ䷼	짐승이 새끼를 정성스레 품는다, **믿음**, **신의(信義)**, 감응, 줄탁동시(啐啄同時)
62	雷山小過 ䷽	나무가 산에 어렵게 뿌리를 내리고 조금씩 생장, 어린 새가 막 날갯짓을 배워서 난다, **분수 지킴**, **조금 지나침**·허물
63	水火旣濟 ䷾	보름달, 중천에 떠 있는 태양, **모두 해결**, 완성·고정, 강을 건넌 사람, **성취 후 쇠퇴**
64	火水未濟 ䷿	강을 건너지 못한 사람, 미흡, 아직 미해결, **미완성**, **새로 시작**, **희망**, 기다림

1. 중천건(重天乾)

☞ 하늘 높이 올라간 용, 강건(剛健), 굳셈, 하늘, 최고(最高), 쇠퇴, 모든 것에는 때가 있다.

乾 元亨利貞 건 원형이정
건은 크고 형통하고 이롭고 바르니라.

초구) **潛龍 勿用** 잠룡 물용
못 속에 잠긴 용이니 쓰지 말지니라.

구이) **見龍在田 利見大人** 현룡재전 이견대인
나타난 용이 밭에 있으니 대인을 봄이 이로우니라.

구삼) **君子 終日乾乾 夕惕若 厲无咎**
　　　군자 종일건건 석척약 려무구
군자가 종일토록 굳건히 하다가 저녁이 되어서는 두려운 마음으로 반성하면 위태로우나 허물은 없으리라.

구사) **或躍在淵 无咎** 혹약재연 무구
혹 뛰어 올랐다가 다시 못에 돌아오면 허물이 없으리라.

구오) **飛龍在天 利見大人** 비룡재천 이견대인
나는 용이 하늘에 있으니 대인을 봄이 이로우니라.

상구) **亢龍 有悔** 항룡 유회
지나치게 높은 용이니 후회함이 있으리라.

用九 見群龍 无首吉 용구 견군룡 무수길
九를 씀은 뭇 용을 보되 앞장서서 머리함이 없으면 길하리라.

건(乾)은 하늘이다. 하늘은 가장 높고 위대한 것이니 가장 강건하고 가장 높다. 따라서 하늘의 운행은 질서정연하다. 군자는 하늘의 운행이 쉼 없이 굳건하게 돌아가는 것을 본받아, 끊임없이 굳건한 마음으로 노력하는 것이다. 상(象)에서 이르길 하늘의 운행이 굳건하니 군자가 이를 본받아 스스로 굳세어 쉬지 않는다(象曰 天行健 君子 以 自强不息).

건괘를 얻은 사람은 이제부터는 내리막길이라는 것을 알아야 한다. 왜냐하면 건괘는 하늘 끝까지 올라간 용의 형상이니 더 이상 오르래야 오를 수가 없어서 다시 내려올 수밖에 없기 때문이다. 양(陽)이 지극해지면 음(陰)이 생겨나는 양극생음(陽極生陰)의 이치가 적용된다. 그러므로 모든 것을 사양하고 한걸음 뒤로 물러서서 겸손하게 처세하는 것이 좋다.

흥망성쇠에서는 변혁기가 되고 물질적인 면보다 정신적인 일에서 더 길하다. 모든 일에 급진적으로 나아감이 불리하고, 부단한 노력과 인내로써 꾸준히 나아감이 좋다. 그러므로 상사에서 "自强不息(스스로 열심히 하여 쉬지 않는다)"이라고 하였다.

너무 일찍 뜻을 펼쳐서는 안 된다. 설령 때를 만나 일을 실제로 도모하게 되더라도 사람을 얻어야 한다. 무릇 군자는 일을 함에 있어서 최선의 노력을 기울이고 저녁이 되면 다시 반성하고 걱정하는 법이니 비록 그 일이 험하여도 허물은 없다.

어떤 상황에서든 자기 분수에서 벗어나지 말아야 한다. 그래야 길하다. 크게 형통하기는 하지만 바르게 해야만 이롭다는 단서가 붙는다. 항상 근신(謹愼)하며 겸손하게 신과 자연의 뜻을 살펴 행하여야 길하다.

경주 감포 이견대와 이견대에서 바라본 문무대왕 수중왕릉

2. 중지곤(重地坤)

☞ 만물을 기르는 땅, 평화와 번영을 위한 유일 원리, 포용, 상생, 평온, 온화(穩和)

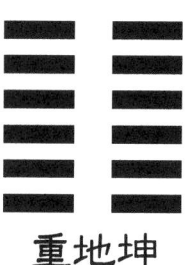

坤 元亨利 牝馬之貞 君子 有攸往 先迷後得 主利. 西南得朋 東北喪朋 安貞吉
곤 원형이 빈마지정 군자 유유왕 선미후득 주리. 서남득붕 동북상붕 안정길
곤은 크고 형통하고 이롭고 암말의 바름이니 군자가 행하는 바다. 먼저 하면 아득해지고 뒤에 하면 얻게 되리니 이로움을 주관하게 되느니라. 서와 남은 벗을 얻고 동과 북은 벗을 잃으니 마음으로부터 곧게 하므로 길하니라.

초육) **履霜 堅氷至** 이상 견빙지
서리를 밟으면 굳은 얼음이 이르느니라.

육이) **直方大 不習 无不利** 직방대 불습 무불리
곧고 반듯해서 큰지라, 익히지 않아도 이롭지 않음이 없느니라.

육삼) **含章可貞 或從王事 无成有終**
　　　함장가정 혹종왕사 무성유종
빛남을 머금고 바르게 할 수 있으니, 혹 왕을 따라 일을 해서 이룸은 없어도 마침은 있게 되느니라.

육사) **括囊 无咎无譽** 괄낭 무구무예
주머니를 잡아매듯이 감추면 허물이 없으며 영예로움도 없으리라.

육오) **黃裳 元吉** 황상 원길
누런 치마면 크게 길하리라.

상육) **龍戰于野 其血玄黃** 용전우야 기혈현황
용이 들에서 싸우니 그 피가 검고 누렇도다.

用六 利永貞
六을 씀은 영원토록 바르게 함이 이로우니라.

  곤(坤)은 땅이니 음유(陰柔)한 것으로만 구성되어 유순한 암말(牝馬)에 비유된다. 땅은 만물의 모체로서 만물을 축장(畜藏)하고 생장(生長)시키는 덕이 있다. 만물은 땅에 있음으로써 모든 생명 활동이 있게 되니 땅의 덕이 두텁기 그지없는 것이다. 군자가 이를 본받아 두터운 덕으로써 모든 것을 포용하는 것이다(象曰 地勢坤 君子 以 厚德載物).
  곤괘를 얻은 사람은 현재 가장 낮은 위치에 있다고 볼 수 있다. 그러나 성실하게 윗사람을 섬기면서 불평 없이 맡은 바 일에 충실하면 봄을 만나는 초목과 같이 머지않아 영광된 날이 반드시 올 것이다.
  괘사에서 "곤은 크게 형통하고 암말(순종)로 하는 일이 이롭다. 군자가 나아가 뜻을 펼치매 처음에는 혼미하여도 나중에는 뜻을 얻으니 이(利)의 주인이 된다. 서남방으로 가면 벗을 얻고, 동북방으로 가면 벗을 잃는다. 편안한 마음과 자세를 가져야 길하다."라고 했다. '서남득붕 동북상붕(西南得朋 東北喪朋)'은 상생하면 재화와 덕망을 얻게 되고, 상극하면 재화와 덕망을 잃게 된다는 의미이다.
  곤은 신하가 인군을 섬기고, 아내가 남편을 섬기며, 아랫사람이 윗사람을 섬기는 것이니, 실무자가 그 능력으로써 자기 책임을 충실히 이행하는 것이다. 그래서 물질적이고 실질적인 면에 더 비중을 두는 것이며, 군자가 곤(坤)의 어질고 후한 덕으로 모든 만물을 다 포용하는(厚德載物 후덕재물) 뜻이 있다.

3. 수뢰둔(水雷屯)

☞ 구름 속의 물, 천지개벽 후 초기의 어려움, 고난,
  어려움, 인내(忍耐), 고진감래(苦盡甘來)

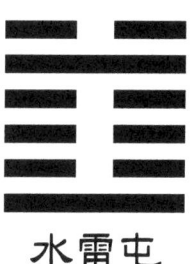

屯 元亨 利貞 勿用有攸往 利建侯
둔 원형 이정 물용유유왕 이건후
둔은 크게 형통하고 바르게 함이 이로우니, 나아가는 바를 두지(함부로 행동하지) 말고 제후(대리인)를 내세움이 이로우니라.

초구) **磐桓 利居貞 利建侯** 반환 이거정 이건후
머뭇거림이니, 바른 데 거처함이 이로우며 제후(보필할 자)를 세움이 이로우니라.

육이) **屯如邅如 乘馬班如 匪寇婚媾 女子 貞不字 十年乃字**
    둔여전여 승마반여 비구혼구. 여자 정불자 십년내자
어렵고 걷기 어려우며 말을 탔다가 내리니, 도적이 아니면 청혼하러 오리다. 여자가 곧아서 시집가지 않다가 십 년 만에야 (올바른 짝에) 시집가도다.

육삼) **卽鹿无虞 惟入于林中 君子 幾不如舍 往吝**
    즉록무우 유입우임중 군자 기불여사 왕인
사슴을 쫓음에 몰이꾼이 없느니라. 오직 숲속으로 들어감이니 군자가 기미를 보아 그치는 것만 못하니, 가면 인색하리라.

육사) **乘馬班如 求婚媾 往吉 无不利**
    승마반여 구혼구 왕길 무불리
말을 탔다가 내리니, 혼인을 구하여 가면 길해서 이롭지 않음이 없으리라.

구오) **屯其膏 小貞吉 大貞凶** 둔기고 소정길 대정흉
그 혜택을 받기 어려우니, 조금 바르게 하면 길하고, 크게 바르게 하려하면 흉하리라.

상육) **乘馬班如 泣血漣如** 승마반여 읍혈연여
말을 탔다가 내리니, 피눈물이 흐르도다.

　둔(屯)은 아직 비가 내리지 않는 물, 즉 구름에 실려 있는 물이므로 좀 답답한 느낌이 든다. 그래서 둔(屯, 어렵다)이라 한 것이다. 하늘과 땅이 문을 열고 만물이 생겨나는(天開於子 地闢於丑 人生於寅) 초창기에는 어려움을 겪기 마련이다. 비록 밖으로 험난하나 어려움을 무릅쓰고 움직이려는 덕이 있다.
　수(水)를 비(雨)라 하지 않고 구름(雲)으로 말한 것은 아직 비를 이루지 못한 까닭이다. 군자는 이러한 상을 보아 씨와 날로써 옷감을 짜듯 천하의 일을 조직적으로 경영하여 어려움을 극복해야 하는 것이다(象曰 雲雷 屯 君子 以 經綸).
　둔괘는 사대난괘[四大難卦: 수뢰둔(屯)·중수감(坎)·수산건(蹇)·택수곤(困)] 가운데 하나이다. 둔괘를 얻은 사람은 현재 매우 어려운 환경에 처해 있다고 볼 수 있다. 그러나 어려움을 참고 견뎌내야 한다. 그러면 결코 절망스러운 일은 오지 않을 것이며 장차 무한한 광명이 있다. 무리하지 말고 물이 흐르는 원리를 본받아 환경에 순응해야 한다.
　천지가 개벽한 후에 뇌우(雷雨)가 혼돈하여 만물이 처음 나온다. 아래 진목(震木)이 막 싹이 터서 뚫고 나오느라 고생한다. 그러나 위의 감수(坎水)가 진목(震木)을 기르니 차츰 좋아진다. 매사 초창기이며 경륜하고 설계하는 때이다. 경거망동하지 말고 기초를 공고히 하여 초창기의 어려움을 극복한다.

4. 산수몽(山水蒙)

☞ 어린 싹이 자라남, 어두움, 몽매, 윗사람의 도움,
교육, 지도(指導), 계몽(啓蒙), 배움

蒙 亨 匪我求童蒙 童蒙求我. 初筮告 再三瀆 瀆則不告 利貞
몽 형 비아구동몽 동몽구아. 초서고(곡) 재삼독 독즉불고(곡) 이정
몽은 형통하다. 내가 어리고 몽매한 이를 찾는 것이 아니라 어리고 몽매한 이가 나를 찾아옴이니, 처음 점치거든 알려주고 두 번 세 번 하면 더럽히는 것이다. 더럽히면 알려주지 말아야 하니 바르게 함이 이로우니라.

초육) **發蒙 利用刑人 用說桎梏 以往吝**
　　　발몽 이용형인 용탈질곡 이왕인
몽매함을 계발하되 사람에게 형벌을 쓴 후 질곡을 벗기는 방법이 이로우니, 형벌로써만 해나가면 인색하리라.

구이) **包蒙吉 納婦吉 子克家** 포몽길 납부길 자극가
몽매함을 감싸면 길하고, 지어미를 들이면 길하리니 자식이 집을 다스리도다.

육삼) **勿用取女 見金夫 不有躬 无攸利**
　　　물용취녀 견금부 불유궁 무유리
여자를 취하지 말지니, 돈 많은 사내를 보고 몸을 간수하지 못하니 이로울 바가 없느니라.

육사) **困蒙 吝** 곤몽 인
괴로운 몽매함이니 인색하도다.

육오) **童蒙 吉** 동몽 길
어린 몽매함이니 길하니라.

상구) **擊蒙 不利爲寇 利禦寇** 격몽 불리위구 이어구
몽매함을 쳐야하니 도적이 됨은 이롭지 않고, 도적을 막음이 이로우니라.

몽(蒙)은 '어리다, 어리석다, 어둡다'라는 뜻이다. 어린 싹이 자라나 장차 큰 나무가 되고, 어린이가 자라 어른이 되는 것과 같은 이치다. 사물을 밝게 분별하지 못하는 어두운 상태이므로 어리석고 어린 것을 가르치는 것이다.

안으로 험난하고 밖으로 그치는 것이니 험한 가운데 있으면서도 후중(厚重)히 그쳐서 나아가지 않는 덕이 있다. 산골짜기의 조금씩 졸졸 흐르는 샘물이 처음에는 비록 보잘 것 없지만 내와 강을 거쳐 장차 바다에 이른다.

상(象)에 이르기를, 산 아래 샘이 솟아나는 것이 몽이니, 군자가 이로써 어려움을 무릅쓰고 과감히 행하며, 후중하게 그쳐 덕을 기른다(象曰 山下出泉 蒙 君子 以 果行育德).

몽괘를 얻은 사람은 현재 어찌해야 좋을지 몰라 쩔쩔매고 있다. 평소 밝은 지혜의 소유자라 할지라도 왠지 매듭이 풀리지 않는 상태이다. 이런 때에는 스승이나 선배, 윗사람, 유능한 사람에게 협조를 구하여 냉철한 판단에 따름이 좋다.

산 아래에서 샘물이 바다를 향해 흐르는 상이다. 내호괘 진목(震木)이 산속에서 물을 얻어 자라니 목적을 향하여 노력하면 성공하는 괘이다. 강중한 스승(구이)이 육오를 비롯한 모든 몽매한 어린 학생들을 가르치는 교육적인 괘이다. 대체로 형통하다.

동몽선습·격몽요결

5. 수천수(水天需)

☞ 하늘에 뜬 구름, 음식(飮食), 잔치, 유유자적, 여유, 기다림, 기대(期待), 어떻게 때(기회)를 기다릴 것인가

需 有孚 光亨 貞吉 利涉大川
수 유부 광형 정길 이섭대천

수는 믿음이 있어서 빛나고 형통하며 바르게 하여 길하니, 큰 내를 건넘(큰일을 하는 것)이 이로우니라.

초구) **需于郊 利用恒 无咎** 수우교 이용항 무구
(가장 먼) 들에서 기다린다. 늘 안정하여 이로우니 허물이 없다.

구이) **需于沙 小有言 終吉** 수우사 소유언 종길
(조금 가까워진) 모래밭에서 기다린다. 구설이 조금 있으나 결국은 길하다.

구삼) **需于泥 致寇至** 수우니 치구지
(바로 곁의) 진흙밭에서 기다린다. 도적을 불러들이게 한다.

육사) **需于血 出自穴** 수우혈 출자혈
피를 흘리며 기다린다. 구멍에서 빠져나온다.

구오) **需于酒食 貞吉** 수우주식 정길
술과 음식에 기다린다. 바르고 길하다.

상육) **入于穴 有不速之客三人來 敬之 終吉**

　　　　입우혈 유불속지객삼인래 경지 종길
구멍에 들어간다. 초청하지 않은 손님 셋이 오리니 그들을 공경하면 마침내 길하다.

　비가 내리기 전의 상태는 구름이지 비가 아니다. 음양의 교감을 기다린 뒤에야 만물을 적셔주는 비가 내린다. 그러므로 수(需)는 '기다린다'라는 뜻이다.
　상(象)에 이르기를, 구름이 하늘로 오르는 것이 수이니, 군자는 이러한 상을 보고 음식으로 몸(氣體)을 기르며, 잔치를 베풀어 즐기면서(宴樂), 마음(心志)을 화평히 하여 그때를 기다린다(象曰 雲上於天 需 君子 以 飮食宴樂).
　유유자적하면서 때를 기다려야 한다. 비는 아직 오지 않으나 하늘에는 비구름이 떠 있어 결국에는 가뭄을 적셔주는 단비가 내려 혜택을 베푼다.
　안은 굳세지만 밖은 험하니(內健外險) 마음을 굳세게 갖고 험한 곳으로 나아가지 말아야 한다. 구름이 하늘 위에만 있을 뿐 아직 비가 되어 내리지는 못하니 목마른 사람이 비 오기를 기다린다. 그러므로 음식을 즐기면서 때를 기다리는 것이다. 사람이 먹고사는 음식에 관한 괘이며, 북방과 서북방에 인연이 있다.
　괘사에서 "수는 믿음을 두어서 빛나고 형통하며 바르게 해서 길하니, 큰일을 할 수 있는 것이다."라고 했다.
　잔치를 베풀어 먹으면서 여유 있게 때를 기다려야 한다. 절대로 조급해서는 안 되며 기다리고 기다려야 한다. 기다리기 위해서는 굳센 믿음이 있어야 한다. 그러면 처음에는 어려움이 있으나 마침내는 길하며 큰일을 이룰 수가 있다.
　성공에 대한 굳은 믿음을 갖고 들뜨지 말고 올바른 생활을 하며 자기 일을 즐기면서 여유 있게 기다리면 마침내 밝은 빛이 길을 열어줘서 성공한다.

6. 천수송(天水訟)

☞ 배를 타고 가다 풍랑을 만남, 다툼, 분쟁, 재판,
 소송, 논쟁, 의견 충돌, 정치판의 생리

訟 有孚 窒惕 中吉 終凶 利見大人 不利涉大川
송 유부 질척 중길 종흉 이견대인 불리섭대천
송은 믿음은 있으나 막혀서 두려우니, 중간까지는 길하나 끝까지 하면 흉하다. 대인을 보는 것은 이롭지만 큰 내를 건너는(큰일을 도모하는) 것은 불리하다.

초육) **不永所事 小有言 終吉** 불영소사 소유언 종길
일(송사)을 길게 하지 않으면 구설은 조금 있으나 결국은 길하다.

구이) **不克訟 歸而逋 其邑人 三百戶 无眚**
　　　 불극송 귀이포 기읍인 삼백호 무생
송사를 이기지 못하니 되돌아 달아나서 마을 사람이 300호이면(적으면) 재앙이 없다.

육삼) **食舊德 貞厲 終吉 或從王事 无成**
　　　 식구덕 정려 종길 혹종왕사 무성
지난날 (조상이 쌓은) 덕을 먹으며 바르게 하면 위태로우나 결국은 길하다. 혹시 왕의 일을 따르더라도 이루는 것이 없다.

구사) **不克訟 復卽命 渝 安貞 吉** 불극송 복즉명 투 안정 길
송사를 이기지 못하니 돌아와 운명에 나아가서(주어진 운명을 받아들이고), 달라져서 안정(安貞)하면 길하다.

구오) **訟 元吉** 송 원길
송사가 크게 길하다.

상구) **或錫之鞶帶 終朝三褫之** 혹석지반대 종조삼치지
혹시 하사품을 주더라도 아침이 마치는 동안 세 번을 빼앗는다.

 송(訟)은 '다투다, 싸우다, 송사하다'는 뜻이다. 상(象)에 가로되 하늘과 물이 어긋나게 행함이 송이니 군자가 이러한 상을 보아 일을 도모하되 처음부터 분쟁이 될 소지를 없게 하는 것이다(象曰 天與水 違行 訟 君子 以 作事謀始).

 하늘은 위에 있고 물은 하늘 아래 있는 것이지만 하늘은 높아지려 하고 물은 내려가려 하니 하늘과 물이 서로 화합을 못하고 다투고 있는 형상이다. 이웃끼리 혹은 상하 관계에서 시비를 벌이는 것이다.

 군자는 송괘의 상을 보고 인간사회의 서로 다투는 이치를 깨달아 모든 일에 있어 맨 처음 행하기 전에 조심스럽게 계획을 세워 분명하고 치밀하게 일을 착수해나간다. 분쟁이란 미리 막는 것이 좋기 때문이다. 송괘를 얻은 사람은 남과 다투거나 심하면 송사(訟事)가 발생할 징조가 있으므로 미리 조심하여 이를 미연에 막아야 한다.

 일을 함에 있어 처음부터 잘 생각해서(作事謀始 작사모시) 신중하게 해야 하고, 큰일(송사)을 도모해서는 안 된다. 대인을 찾아 협조를 구하고 중도(中道)를 지켜야 한다.

 괘사에서 "송은 구오가 중정(中正)을 얻어 믿음은 있으나, 감수(坎水)의 험한 데 막혀서 위태하니, 중정한 덕으로 분별하여 화해하면 길하지만 끝까지 송사를 벌이면 흉하니, 대인에게 협조를 구하면 이롭고 송사와 같이 큰일을 벌이는 것은 좋지 않다."라고 했다. 즉 중간에 화해하면 길하고 끝까지 송사하면 흉하니, 옳고 그름을 잘 분별해주는 현명한 어른을 만나 도움을 구해서 송사와 같이 험하고 큰일을 벌이지 않아야 좋다.

7. 지수사(地水師)

☞ 땅 가운데 흐르는 물, 리더, 통솔, 지휘, 거느림,
영도(領導), 리더십, 전쟁, 군인의 길

師 貞 丈人 吉无咎 사 정 장인 길무구
사는 바르게 함이니 대장부라야 길하고 허물이 없다.

초육) **師出以律 否 臧凶** 사출이율 부 장흉
군사는 율령으로써 출동하는데 그렇지 않으면 (전쟁에서) 이기더라도 흉하다.

구이) **在師 中吉 无咎 王三錫命** 재사 중길 무구 왕삼석명
군사 안에서 공정하게 하면 길하고 허물도 없으니, 왕이 세 번이나 명을 내린다(여러 번 신임을 한다).

육삼) **師或輿尸 凶** 사혹여시 흉
군사를 혹시 여러 명이 이끌면 흉하다.

육사) **師左次 无咎** 사좌차 무구
군사가 진영으로 물러나면 허물이 없다.

육오) **田有禽 利執言 无咎 長子帥師 弟子輿尸 貞凶**
    전유금 이집언 무구 장자솔사 제자여시 정흉
밭에 새가 있으니(적의 위협이 가까우니) (구이의) 말을 듣고 집행하면 이로우니 허물이 없다. 맏이가 군사를 통솔하니 동생들 여럿이 이끌면 바르게 하더라도 흉하다.

상육) **大君有命 開國承家 小人勿用** 대군유명 개국승가 소인물용
대군이 명령을 내려서 나라를 새로 세우고 가문을 계승하는데, 소인은 쓰지 말라(소인에게는 벼슬은 주지 말고, 대신 재물을 하사하라).

 사(師)는 '집단의 우두머리'란 뜻이 있다. 무리를 거느리고 이끄는 지도자의 입장이다. 장수가 군사를 거느리고 전쟁터에 나가면 숱한 고난과 위험이 있다.
 상(象)에 이르기를 땅 가운데 물이 있음이 사이니, 군자가 이를 본받아 백성을 포용하고 땅의 후덕함으로 무리를 교화하는 것이다(象曰 地中有水 師 君子 以 容民畜衆). 한 몸에 무거운 짐을 지고 있으므로 자만심을 버리고 자기를 추종하는 사람들을 잘 포섭하여 애로사항이 있으면 이를 잘 해결해주고 어루만져 주어야 한다. 그럼으로써 위아래가 하나 되어 위대한 과업을 성취할 수 있다.
 건강한 장정[丈人]으로 군대를 구성해야 전쟁에서 승리할 수 있으며 허물이 없다. 무리를 통솔하는 데에는 법과 규율이 최우선이다. 법과 규율을 지키지 않는 무리는 아무리 큰 군대라도 전쟁에서 승리할 수 없다.
 경험 많은 원로[丈人]라야 길하고 허물이 없으리라(丈人吉无咎)"고 하여, 경험과 재질이 뛰어난 사람이라야 감당한다고 했다. 또 상사에 "容民畜衆(용민휵중)"이라고 하여 백성을 잘 포용해 기르고 다스리는 덕을 강조했다.
 군사·군인·무력을 사용하는 괘이니, 군인으로서 대장이 되고 군사를 이끌고 출전한다. 근심하고 싸우는, 즉 위난하고 위태한 곳에 가서 그 위험을 평정한다. 상대방이 나를 극하니 남과 싸우는 괘이다. 그러나 내호괘 진목(震木)이 물을 만나 성장하니 외침을 방어한다.
 땅속에 물이 고이는 상이니 군사를 훈련시킨다는 뜻이다. 구이(九二) 대장이 부하들(다섯 음)을 이끌고 출전한다.

8. 수지비(水地比)

☞ 땅을 적시는 비, 상부상조, 서로 도움, 상호협력,
 서로 친밀, 일사분란, 진정한 스포츠맨십

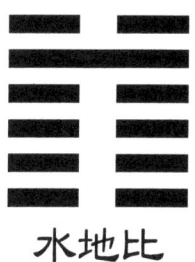

比 吉 原筮 元永貞 无咎. 不寧方來 後 夫凶
비 길 원서 원영정 무구. 불녕방래 후 부흉

비는 길하니 (부여받은) 원래 그대로 판단하되 크고 오래도록 바르게 하면 허물이 없다. 편안하지 않아야 비로소 오니 뒤에 하면 대장부라도 흉하다.

초육) **有孚比之 无咎 有孚盈缶 終來有他 吉**
　　　유부비지 무구 유부영부 종래유타 길

믿음을 갖고 도와야 허물이 없으니 믿음이 질그릇에 가득 차면(질그릇 같은 순박한 마음으로 정성을 다해 믿으면) 결국 다른 데(구오)에서 길함이 온다.

육이) **比之自內 貞吉** 비지자내 정길

(구오를) 돕는 것을 안에서부터 하니 바르게 해야 길하다.

육삼) **比之匪人** 비지비인

(도울) 사람이 아닌데 돕는 것이다.

육사) **外比之 貞吉** 외비지 정길

바깥(구오)을 도우니 바르게 해야 길하다.

구오) **顯比 王用三驅 失前禽 邑人不誡 吉**
　　　현비 왕용삼구 실전금 읍인불계 길

드러나게 돕는 것이니 왕이 세 군데로 모는 것을 쓰는데 앞의 새를 잃으

면(사방의 사냥감을 모두 잡지 않고 눈앞의 사냥감을 놓치면 어질고 아량이 있으므로) 마을 사람이 경계하지 않으니 길하다.

상육) 比之无首 凶 비지무수 흉
돕는데 머리가 없으니(앞장서서 하지 않아 늦었으니) 흉하다.

 비(比)는 '서로 돕는다'는 뜻이다. 상(象)에 이르길, 땅 위에 물이 있는 것이 비이니 선왕이 이로써 나라를 세우고 여러 제후와 친하였다(象曰 地上有水 比 先王 以 建萬國 親諸侯).
 물은 땅을 떠날 수 없다. 그러므로 땅과 물은 서로 친밀한 것으로, 임금과 신하, 임금과 백성과의 떼어놓을 수 없는 관계에 비유된다. 그러므로 옛날 선왕들은 비괘의 가르침으로써 나라를 세운 뒤에 제후들과 친밀하게 화합하고 백성들을 어루만지기에 힘썼다.
 비괘를 얻으면 인화(人和)에 힘써야 한다. 왜냐하면 공동의 힘으로 사업을 달성하기 때문이다. 올바른 마음과 확고한 신념, 관대한 아량으로 뭇사람과 사귀면 많은 사람이 추종하고 협조하므로 대지대업(大志大業)을 능히 이룰 수 있다.
 상부상조하고, 윗사람과 아랫사람이 서로 돕는다. 외수내토(外水內土)로 하늘에서 비가 내려 땅을 적시고 땅 위에 물이 흐르면서 모든 생물을 움트 나오게 한다. 나라를 세우고 백성을 다스린다. 비(比)는 대체로 길괘(吉卦)인데 정직한 사람이 정직한 방법으로 공동 작업하며 서로 협조해야 길하다.
 비(比)는 전쟁을 끝낸 후 새로이 나라를 세우고 다스리는 때이다. 그러므로 큰 우환은 없고 대체로 즐겁고 길하다. 처음 그대로 판단하되 크고 오래하고 바르게 하면 허물이 없다. 위아래가 서로 돕지 못할까 늘 근심하니 늦게 가서 구하면 대장부라도 흉한 것이다. 그러므로 빨리 참여하는 것이 이롭다.

9. 풍천소축(風天小畜)

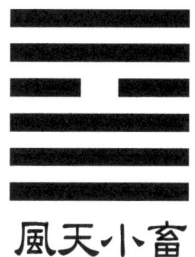

☞ 구름만 끼고 비는 오지 않는다, 조금 더 기다려라,
 조금 지체, 조금 쌓음(축적), 작은 성공(성취)과 행복

小畜 亨 密雲不雨 自我西郊 소축 형 밀운불우 자아서교
소축은 형통하나 구름이 잔뜩 끼어도 비가 오지 않는 것은 내가 서쪽 들로부터(음의 근원인 서쪽부터 소극적으로) 하기 때문이다.

초구) **復自道 何其咎 吉** 복자도 하기구 길
회복하는 것을 도(道)로부터 하니 무엇이 허물이겠는가? 길하다.

구이) **牽復 吉** 견복 길
(초구를) 이끌어서 회복하니 길하다.

구삼) **輿說輻 夫妻反目** 여탈복 부처반목
수레의 바퀴가 벗겨지니 부부가 서로 미워한다.

육사) **有孚 血去 惕出 无咎** 유부 혈거 척출 무구
믿음이 있으면 피가 없어지고 두려움이 나오니(구오의 신임을 얻게 되면 상처를 입지 않고 위태로움도 없어지니) 허물이 없다.

구오) **有孚 攣如 富以其隣** 유부 연여 부이기린
믿음이 있으니 (상구와 육사를) 이끌어서 부유한 것을 그 이웃으로 (같이) 한다(가까이에 둔다).

상구) **旣雨旣處 尙德載 婦貞厲 月幾望 君子征凶**
　　　기우기처 상덕재 부정려 월기망 군자정흉

이미 비가 오다가 이미 그친 것은 덕(德)을 숭상하여 싣는(채우는) 것이니 아내(육사)가 바르게만 하면(고집하면) 위태롭다. 달이 거의 보름이니(음기가 가득 차니) 군자가 가면 흉하다.

　소축(小畜)이란 '조금 저축하다, 조금 막아두다, 조금 기른다, 작게 쌓고 작게 그친다'의 뜻이다. 상(象)에 이르기를, 바람이 하늘 위로 행함이 소축이니, 군자는 이를 본받아 학문을 숭상하고 덕을 아름답게 길러 나간다(象曰 風行天上 小畜 君子 以 懿文德).
　하늘 위로 바람이 부니 오래지 않아 구름이 끼고 구름은 비를 내릴 것이로되 아직은 때가 이르고 좀 더 기다려야 단비가 내릴 것이다. 소축괘를 얻은 사람은 때를 기다려야 한다.
　뭇 남성(5개의 양효) 사이에 끼어있는 한 명의 연약한 여성이다. 아무리 바동거려도 자신의 힘으로는 불가능하다. 너무 조급하게 서두르거나 쉽게 자포자기에 빠져 단념하지 말고 쨍쨍한 하늘에도 언젠가는 비가 내린다는 믿음을 갖고 기다리면 좋은 운이 자연스레 이른다. '소축'이므로 큰 재물이나 명예·성공은 기대하지 않는 게 좋다.
　구름이 빽빽이 있으나 내호괘 태(兌) 서쪽에서 바람이 불어 비가 오지 않는다. 괘사에도 "소축은 형통하니 빽빽한 구름에도 비가 오지 않는 것은 내가 서쪽 교외로부터 함이라."라고 하여, 형통하기는 하나 음양이 서로 화합하지 못하여 큰일을 이루지 못함을 말했다.
　바라는 일이 될 듯 하다가 안 된다. 약한 음 하나가 강한 다섯 양을 억제하느라 힘이 든다. 그러나 안으로 강건하고 밖으로 공손하여 적게나마 일이 성사된다.
　처음에는 구름만 끼고 비가 오지 않다가 나중에 비가 오는 것이다. 구름이 빽빽하나 비가 오지 않는 경우가 있듯이 쉬워 보이는 작은 성공도 일찍부터 노력해야만 얻을 수 있다. 스스로 노력하지 않고 바깥(서쪽)에서 소극적으로 기다리기만 해서는 안 된다.

10. 천택리(天澤履)

☞ 호랑이 꼬리를 밟는 상, 편안한 가운데 위험, 신중, 직언, 극기복례, 실행(實行), 실천, 2인자

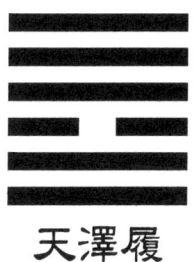

履虎尾 不咥人 亨 리호미 부질인 형
(리는) 호랑이 꼬리를 밟더라도 사람을 물지 않으니 형통하다.

초구) **素履 往 无咎** 소리 왕 무구
본바탕 그대로 (순수하게) 나아가면(일을 행하면) 허물이 없다.

구이) **履道坦坦 幽人貞吉** 리도탄탄 유인정길
행하는 도(道)가 평탄하니 속세를 떠나 수도(修道)하는 사람이라야 바르고 길하다.

육삼) **眇能視 跛能履. 履虎尾 咥人凶 武人爲于大君**
　　　묘능시 파능리 리호미 질인흉 무인위우대군
애꾸눈이 볼 수 있으며 절름발이가 걸을 수 있다. 호랑이 꼬리를 밟아서 사람을 무니 흉하고, 무인(武人)이 임금이 된다.

구사) **履虎尾 愬愬 終吉** 리호미 색색 종길
호랑이 꼬리를 밟는 것이니 조심조심하면 마침내 길하다.

구오) **夬履 貞厲** 쾌리 정려
과감하게 밟는 것이니 바르게 하더라도 위태롭다.

상구) **視履 考祥 其旋 元吉** 시리 고상 기선 원길
걸어(행하여) 온 것을 보고 상서로운(복되고 길한) 것을 살피되 두루 다

잘했으면 크게 길하다.

　리(履)는 '밟는다, 실천한다'는 뜻과 통하므로 호랑이 꼬리를 밟는 것과 같이 위험스런 의미가 있다. 위에는 하늘이 있고 아래는 못이 있는 것이 상하의 바른 이치이며, 바른 이치를 이행하는 것이 사람의 당연한 도리이다.

　이와 같이 상하존비(上下尊卑)를 분별하여 백성의 뜻을 정하는 것이다. 상에 가로되 위는 하늘이요 아래는 못이 리이니 군자가 이로써 위아래를 분별하여 백성의 뜻을 정하느니라(象曰 上天下澤 履 君子 以 辯上下 定民志).

　리괘를 얻은 사람은 자신은 별로 실수하지 않았건만 윗사람이나 남의 입장에서 보면 마땅치 않게 보인다. 그러므로 리괘가 나왔으면 매사를 조심하고 겸손하고 정성스럽게 처리해야 한다. 즉 자신에게 영향력이 있는 사람의 비위를 건드리지 않도록 조심하면서 그의 뜻에 따르는 방향으로 나가면 좋다.

　남보다 앞장서는 일은 절대 하지 말아야 한다. 남의 앞장을 서지 말고 뒤를 따르는 것이 현명하다. 사람들이 모이면 상하의 분별과 질서가 있어야 하므로 리(履)는 예(禮)를 의미한다.

　리괘는 음이 세 번째 자리에 있고 하괘에 있으니, 음이 눌리어 마치 호랑이 꼬리를 밟은 듯이 위태하다. 그러나 늘 기쁜 마음으로 겸손하게 처신하여 목적을 이룬다.

　괘사에서 "호랑이 꼬리를 밟더라도 사람을 물지 않으니 형통하니라."라고 하였다. 호랑이 꼬리를 밟는 듯이 위태로움이 있으나 겸손함으로써 처신하여 다치지는 않는다.

11. 지천태(地天泰)

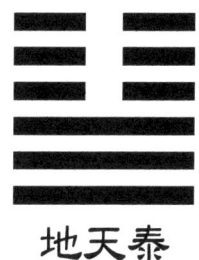

☞ 하늘과 땅의 교감, 태평, 평안, 천하태평, 국태민안(國泰民安), 신중, 경계, 지금은 평안하지만 어려운 때를 대비하고 노력하라

泰 小往大來 吉亨 태 소왕대래 길형
태는 작은 것이 가고 큰 것이 오니 길하고 형통하다.

초구) **拔茅茹 以其彙 征吉** 발모여 이기휘 정길
뿌리가 뭉쳐있는 띠풀(초구·구이·구삼)을 뽑아서 같은 무리로서 나아가면 길하다.

구이) **包荒 用馮河 不遐遺 朋亡 得尚于中行**
　　　포황 용빙하 불하유 붕망 득상우중행
거친 것을 포용하고 강을 건너는 것(과감한 용기)을 쓰며, 먼(드러나지 않은) 것을 버리지 않고 사적인 무리를 없애면, 중도(中道)를 행하여서 (육오와 함께) 존중(숭상)을 받는다.

구삼) **无平不陂 无往不復 艱貞 无咎 勿恤 其孚于食 有福**
　　　무평불피 무왕부복 간정 무구 물휼 기부우식 유복
평탄하지만 비탈지지 않은 것이 없고(태평하지만 다시 어지러워질 수 있고), 나가지만 돌아오지 않는 것이 없으니(물러나지만 다시 회복할 수 있으니) 어렵(게 생각하)고 바르게 하면 허물이 없어서 근심하지 않더라도 먹는 데에 믿음이 있어서 복이 있다.

육사) **翩翩 不富以其隣 不戒以孚** 편편 불부이기린 불계이부
그 이웃(육오·상육)과 빠르게 (날 듯이) 부유하게 되지 않아도 믿음이 있어서 경계하지 않는다.

육오) **帝乙歸妹 以祉元吉** 제을귀매 이지원길
은나라 제을(帝乙) 임금이 그 누이(육오)를 (구이에게) 시집을 보내는 것이니 복되어서 크게 길하다.

상육) **城復于隍 勿用師. 自邑告命 貞吝** 성복우황 물용사 자읍고명 정린
성(城)이 무너져 빈터로 돌아갔으니 군사를 쓰지 말라. 마을로부터 명을 받으니(왕명이 널리 미치지 못하니) 바르게 하더라도 인색하다.

태(泰)는 '크다, 편안하다, 통하다'의 뜻으로 64괘 가운데 가장 이상적이고 좋은 괘다. 상(象)에 이르기를, 하늘과 땅의 사귐이 태니, 임금이 본받아서 천지의 도(四時·四方)를 나누고 천지의 바른 운행을 도와서 백성의 삶을 돕는다(象曰 天地交 泰 后 以 財成天地之道 輔相天地之宜 以左右民).
하늘과 땅이 합심하여 천지만물을 양육함으로써 땅에는 백곡이 풍성하여 온 백성이 배부르게 먹고 산다. 태괘를 얻으면 순풍에 돛단배와 같이 매사가 순조롭게 진행된다. 화기애애한 괘로서 위아래 사람들과의 화합, 가정에서의 화합 등이 이루어진다.
땅이 올라가고 하늘이 내려오며, 양이 내려오고 음이 올라가 사귀니 태평할 태의 뜻이 된다. 군자가 안에서 정치를 하고 소인은 쫓겨 가니 태평한 세상인 것이다. 양이 안에서 강건하여 주장하니 위와 아래가 서로 통하게 된다. 위는 땅이고 아래는 하늘의 상으로 천지가 사귀어 나라는 태평하고 사회 질서는 잘 유지되며 집안은 평안하다.
태는 작은 것이 가고 큰 것이 오니(小往大來) 길하고 형통하다. 이는 작은 것을 투자하고 희생하여야 큰 것을 얻는다는 의미이다. 소인은 물러가고 군자는 안에서 권세를 잡아 정치를 하며 부족한 사람을 돕는다.
외괘는 토(土)이고 내괘는 금(金)이니 토생금(土生金)하여 상대방이 나를 돕는다. 태(泰)는 신체 건강하고 온화하며 남녀의 정이 잘 통하고 혼인은 성사된다. 그러나 끝까지 태평할 것이라 믿으면 안 되니 늘 신중하고 경계해야 한다.

12. 천지비(天地否)

☞ 산중에 홀로 앉아 도를 닦는 사람, 막힘, 불통(不通), 은인자중(隱忍自重), 근신(謹愼, 삼가고 조심함), 눈앞이 캄캄

否之匪人 不利君子貞. 大往小來 비지비인 불리군자정 대왕소래
비는 사람의 도(道)가 아니니(천지 음양이 교류하지 못하니) 군자가 바르게 하더라도 이롭지 않다. 큰 것(양)이 가고 작은 것(음)이 온다.

초육) **拔茅茹 以其彙 貞 吉亨** 발모여 이기휘 정 길형
뿌리가 뭉쳐있는 띠풀(초육·육이·육삼)을 뽑아서 같은 무리로서 바르게 하면 길하고 형통하다.

육이) **包承 小人吉 大人否 亨** 포승 소인길 대인비 형
(구오의 명을) 포용하여 계승하니 소인(육이)은 길하고 대인(구오)은 비색(否塞)하나 군자의 도(道)에는 형통하다.

육삼) **包羞** 포수
[육삼은 그 자리가 모두 부중정(不中正)하므로] 포용한 것이 부끄럽다.

구사) **有命 无咎 疇 離祉** 유명 무구 주 이지
(구오의) 명이 있으면 허물이 없으므로 무리(구오·상구)가 복(福)에 걸린다(받는다).

구오) **休否. 大人吉 其亡其亡 繫于苞桑** 휴비. 대인길 기망기망 계우포상
비색한 것이 그친다. 대인이 길한 것이니 그 망할 듯 망할 듯 하면(근심해서 신중하면) 우거진 뽕나무(육이)에 매인다.

상구) **傾否 先否 後喜** 경비 선비 후희
비색한 것이 기울어지는(물러나는) 것이니 먼저는 비색하고 뒤에는 기쁘다.

　비(否)는 막혀서 통하지 않음을 뜻한다. 상식적으로 생각하기에는 하늘은 위에 있고 땅은 아래에 있어 각기 정당한 위치에 있으므로 좋을 것 같다. 그러나 모든 사물은 화합을 요하는 것이므로 하늘은 너무 높고 땅은 너무 낮아 서로 격리된 상태이므로 이를 나쁘게 여겨 비(否)라 하는 것이다.
　세상이 비색(否塞)할 때에는 덕(德)마저도 검소히 하여 밖으로 드러내지 않아야 소인의 해난(害難)을 피할 수 있으니, 관록(官祿 벼슬)을 피하여 은둔하는 것이 순리이다. 상(象)에 가로되 하늘과 땅이 사귀지 않는 것이 비니, 군자가 이로써 덕마저 검소히 하여 어려움을 피하고, 관록을 받는 것으로써 영화를 누리지 않는 것이다(象曰 天地不交 否 君子 以 儉德辟難 不可榮以祿).
　비괘를 얻은 사람은 적당한 시기가 이를 때까지 은인자중(隱忍自重)해야 한다. 즉 비색한 운에 처했으니 무슨 일을 해도 막혀 되지 않는다. 사업운·직장운·재물운·가정운 모두 좋지 않다. 움직이면 움직일수록 난관에 빠지고 손해가 가중된다. 입학시험·구직시험 등에 이 괘가 나온다면 희망이 없다. 비괘가 나온 사람은 참고 견디면서 난국을 극복해야 한다. 머지 않아 어두운 구름이 걷힐 날이 올 것이다.
　천지가 사귀지 못하여 불통하니 국가와 사회에 혼란이 오고 가정에 불화가 있다. 몸은 병들며 매사가 이루어지지 않는다. 태(泰)괘가 처음은 태평하다가 나중에 비색해지듯이 비(否)괘도 처음에는 곤란하다가 잘 견뎌 나가면 편안한 때가 오는 것이다. 내심 성실치 못하여 겉으로만 위장하니 소인의 괘다. 소인이 득세하고 음이 성장하는 때이므로 세상이 혼란하다.
　큰 것이 가고 작은 것이 오므로(大往小來), 군자는 물러나고 이익을 따지는 소인의 세상이 되었으니 군자가 조심해야 하는 때이다.

13. 천화동인(天火同人)

☞ 어두운 밤길에 등불을 얻은 상, 협동사업, 함께
  모임, 대동단결(大同團結), 공동(共同), 공동체

同人于野 亨 利涉大川 利君子貞 동인우야 형 이섭대천 이군자정
넓은 들에서 사람들이 함께하니(사사로운 모임이 아니니) 형통하고 큰 내를 건너는(큰일을 하는) 것이 이롭고 군자가 도(道)로써 바르게 하는 것이 이롭다.

초구) **同人于門 无咎** 동인우문 무구
문에서 사람들이 함께하니 허물이 없다.

육이) **同人于宗 吝** 동인우종 인
종친끼리 함께하니 인색하다.

구삼) **伏戎于莽 升其高陵 三歲不興**
        복융우망 승기고릉 삼세불흥
(구오를 치고 육이를 빼앗고자) 군사를 숲에 매복시키고 높은 언덕에 올라가서 기다릴지라도 3년 동안 일어나지(성공하지) 못한다.

구사) **乘其墉 弗克攻 吉** 승기용 불극공 길
(구오를 치고자) 그 담장에 올라도 공격하지 않으니(명분이 아님을 알고 마음을 되돌려 제자리를 지키니) 길하다.

구오) **同人 先號咷而後笑. 大師克 相遇**
       동인 선호도이후소. 대사극 상우
함께하는 것이 먼저는 울부짖고 뒤에는 웃는다. 큰 군사로 (구삼과 구사를) 이겨야 (육이와) 서로 만난다.

상구) **同人于郊 无悔** 동인우교 무회
성 밖(먼 곳)에서 함께하니 후회가 없다.

　동인(同人)은 남과 뜻을 같이 한다는 뜻이다. 무슨 일이건 독단적으로 행하거나 결정·해결하는 게 아니라 동의·찬성·동업·동조 등 서로 협력관계에서 일을 행하면 좋을 뿐만 아니라 또한 그렇게 되리라는 암시적 괘상이다.
　하늘과 불이 함께 하는 것을 동인이라 한다. 하늘과 불은 모두 위로 오르려는 성질은 같되 그 오름에는 차이가 있는 것이니, 군자가 이러한 상을 본받아 비슷한 무리(類族)의 것으로써 사물의 시비와 흑백을 분별하는 것이다(象曰 天與火 同人 君子 以 類族 辨物). 큰일을 하되 뜻을 같이 할 일과 아닌 일을 구별해야 한다.
　괘사에서 "사람을 같이하는 것을 들에서 하면 형통하리니 큰 내를 건너는 것이 이로우며, 군자의 바름이 이로우니라"라고 하여, 공명정대하게 모여서 일을 해나가면 어떤 큰일이든지 할 수 있다.
　상사(象辭)에서 '類族辨物(유족변물)'이라고 하여, 큰일을 하되 동인할 일과 아닌 일을 분별해야 한다고 하였다. 큰 내를 건너는 것은 바다를 건너 유학을 가는 것도 뜻한다.
　동인괘를 얻은 사람은 협동사업 및 공동사업이 길하다. 그러므로 당(黨)을 만든다거나 남과 자본투자를 같이 하여 공동으로 경영하거나 혼자 아닌 두 사람 이상이 함께 하는 일이면 무엇이든지 좋다. 즉 큰일을 하되 사람과 함께 하는 것이 좋다.
　공정하게 의리에 맞게 하면 어떤 일이든지 성공할 운이나, 한편 삼가며 조심하고 신중해야 하는 때이기도 하다.

14. 화천대유(火天大有)

☞ 중천에 떠 있는 해(태양), 대길(大吉), 크게 뻗어감, 크게 형통, 순리(順利), 부자(재벌)의 이력서

大有 元亨 대유 원형
대유는 크고 형통하다.

초구) **无交害 匪咎 艱則无咎** 무교해 비구 간즉무구
해로운 것(구이·구사)과 사귀는 게 없으니 허물이 아니고, 어렵게(신중하게) 하면 허물이 없다.

구이) **大車以載 有攸往 无咎** 대거이재 유유왕 무구
큰 수레에 싣는 것이니 갈 바를 두어도(임무를 맡아 행하여도) 허물이 없다.

구삼) **公用亨于天子 小人弗克** 공용향우천자 소인불극
제후(공)가 천자(육오)에게 공물을 바치니 소인은 (제후로서) 역할을 하지 못한다.

구사) **匪其彭 无咎** 비기방 무구
성대(하게만) 하지 않으면 허물이 없다.

육오) **厥孚 交如 威如 吉** 궐부 교여 위여 길
(천자로서의) 그 믿음을 (신하들과) 서로 주고받으며 위엄이 있으니 길하다.

상구) **自天祐之 吉 无不利** 자천우지 길 무불리

(가진 것을 모두 내려놓아서) 하늘에서부터 도우니 길하여 이롭지 않은 것이 없다.

너그럽고 후(厚)하고 공명정대한 덕을 지닌 인격자가 세상을 잘 다스리는 모습이다.

   상(象)에 이르기를, 밝은 불(태양)이 하늘 위에 있는 것이 대유(大有)괘다. 군자는 밝은 태양이 하늘에 떠서 만물을 비추는 형상을 본받아 악한 것을 막고 선한 것을 드날려서 하늘의 아름다운 명에 따른다(象曰 火在天上 大有 君子 以 遏惡揚善 順天休命).

   대유괘를 얻은 사람은 아무런 장애가 없다. 송사를 다스리는 재판관이 이 괘를 얻는다면 가장 공정한 판결을 내릴 수 있다. 일을 도모하면 성취하고 무엇을 구하면 얻어진다. 맞이한 좋은 때를 놓치지 말라.

   중천에 떠 있는 태양이 항상 떠 있을 수 없다. 장차 태양이 서산에 지지 않겠는가? 계획한 일이 있거든 망설이지 말고 즉시 착수하여 때를 놓치는 후회가 없도록 하라.

   태양이 하늘에 떠 있다. 태양이 높이 떠 있는 것은 밝게 빛남이 멀리까지 미쳐 온갖 만물을 비추어 드러나지 않은 것이 없도록 하는 것이다. 왕의 자리에 있는 한 음이 다섯 양을 거느리는 형상이므로 여성 지도자의 모습이다.

   불이 하늘 위에서 천하를 밝게 하고, 막강한 권좌에 있다. 대체로 길한 운이다. 만사가 형통하고 물질적인 일보다 정신적인 일에 좋다. 소인보다 군자가 이롭다. 괘사에서 "대유는 크고 형통하니라"라고 하여, 크게 형통하지만 하늘의 명에 따르고 선한 일을 하라고 하였다.

15. 지산겸(地山謙)

☞ 태산이 스스로 낮추어 땅 아래 있다, 겸손, 겸양, 서로 양보(互讓), 강한 자만이 겸손

謙 亨 君子有終 겸 형 군자유종
겸은 형통하니 군자가 (자신을 낮추어) 이루는 것이 있다(그 뜻을 이루게 된다).

초육) **謙謙君子 用涉大川 吉** 겸겸군자 용섭대천 길
겸손하고 또 겸손한 군자이니 (겸손한 도를) 써서 큰 내를 건너면(큰일을 도모하면) 길하다.

육이) **鳴謙 貞吉** 명겸 정길
울리는 겸이니(겸손한 덕이 쌓여 저절로 밖으로 드러나는 것이니) 바르고 길하다.

구삼) **勞謙 君子有終 吉** 노겸 군자유종 길
(어려운 자리에 있어서) 수고롭지만 겸손하니 군자가 (자신을 낮추어) 그 뜻을 이루니 길하다.

육사) **无不利 撝謙** 무불리 휘겸
① 이롭지 않은 것이 없으니 겸손함을 널리 편다(겸손함을 베풀어 펴는데 이롭지 않은 것이 없다).
② 이롭지 않은 것이 없으나 자신을 낮추어 또 겸손하게 한다.

육오) **不富以其隣 利用侵伐 无不利** 불부이기린 이용침벌 무불리
부유하지 않아도 (구삼과) 그 이웃으로 (뜻을 같이) 하니 (겸손한 도를)

써서 남을 다스리는 데 이롭지 않은 것이 없다.

상육) 鳴謙 利用行師 征邑國 명겸 이용행사 정읍국
(육오와 육사에 가로막혀 구삼과 그 뜻을 함께하지 못해 슬피) 우는 겸이니 (겸손한 도로써) 군사를 동원해서(자기 자신을 다스려서) 자신의 영토(사사로움)를 치는 것이 이롭다.

　겸(謙)은 '겸손하다'로 겸손의 덕을 지니면 좋다는 뜻이다. 상(象)에 이르기를 땅 가운데 산이 있는 것이 겸이니, 군자가 이를 본받아 많은 것을 덜어내서 적은 데에 보태어 세상 만물에 대해 평등하게 혜택을 베푼다(象曰 地中有山 謙 君子 以 裒多益寡 稱物平施).
　한걸음 양보하고 물러설 때가 왔다. 자기 재능만을 믿고 욕심을 내서 더 이상 추구하려 한다면 소인배의 모략과 시기를 받아 억울한 누명을 쓰고 명예훼손을 당하거나 갑자기 내리막길을 걷게 된다. 달이 차면 기울고 해가 중천에 뜨면 머지않아 서산에 진다.
　이런 자연의 이치를 깨달아 욕심을 버리고 지위와 이익을 양보하고 후배나 다른 사람에게 물려주고 자신은 안정된 삶을 누리는데 힘쓰는 게 좋다. 그런 후 시기가 다시 돌아오면 다시 매진하여 진취하는 것이 바람직하다.
　산은 땅 가운데서 높은 것인데도 땅 위에 높이 서려 하지 않고 스스로 낮추어 땅 아래 있으니 겸손한 것이다. 땅 위에 있어야 할 산이 땅 아래에 있으니 자신을 낮추어 겸손한 상이다. 외호괘 진목(震木)과 내호괘 감수(坎水)가 겸(謙)의 이면에서 서로 돕는다. 안으로 간산(艮山)의 광명한 덕과 밖으로 곤지(坤地)의 광대한 덕이 서로 양보하니 유종의 미가 있다.
　오직 하나 있는 구삼(九三) 양(陽)은 천도하제(天道下濟, 천도는 아래로 교제)하고 지도상행(地道上行, 지도는 위로 운행)하는 미덕이 있다. 현재는 쇠운(衰運)이지만 점차 길운(吉運)이 된다. 겸손한 것은 유익함을 낳아 결국은 잘되는 것이며, 약한 자를 돕는 것이다. 괘사에서 "겸은 형통하니 군자가 마침이 있느니라.(謙 亨 君子有終)"고 했다. 겸양, 곧 자신을 낮추고 비움은 모든 복덕을 완성하는 도리이다.

16. 뇌지예(雷地豫)

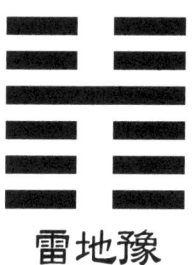

☞ 우레가 땅 위에 떨침, 미리 준비, 계획, 성취, 경사, 기쁜 일, 기쁨, 즐거움

豫 利建侯行師 예 이건후행사
예는 제후(대리인)를 세우고 군사를 움직이는 것이 이롭다.

초육) **鳴豫 凶** 명예 흉
(구사와 응하여 기뻐서) 우는 예(즐거움)이나 (不中不正한 소인이므로) 흉하다.

육이) **介于石 不終日 貞吉** 개우석 불종일 정길
(中正을 얻어서) 절개가 돌과 같으므로 날을 마치지(온종일 기쁨에 취해 있지) 않으니 바르고 길하다.

육삼) **盱豫 悔遲 有悔** 우예 회지 유회
(不中不正한데 구사를) 쳐다보는 예(즐거움)이므로 뉘우치며 더디게 해도 후회가 있다.

구사) **由豫 大有得 勿疑 朋盍簪** 유예 대유득 물의 붕합잠
(제후인 자신으로부터) 말미암은 예(기쁨·즐거움)라 크게 얻음이 있으니 의심하지 않으면 벗이 비녀와 합한다(믿음을 갖고 행동하면 모든 벗이 믿고 따른다).

육오) **貞疾 恒不死** 정질 항불사
바르게 하고도 병들지만 (中을 얻었으므로) 아주 죽지는 않는다(죽음에

이르지는 않는다).

상육) 冥豫 成, 有渝 无咎 명예 성 유투 무구
(이미 지극하여) 어두워진 예(기쁨)이니 (즐거움을) 이루었으므로, 변하는 것이 있어야(흠뻑 취한 즐거움에서 빠져 나와야) 허물이 없다.

 예(豫)는 '기쁘다, 즐겁다, 미리하다, 준비하다'의 뜻이다. 상(象)에 이르기를, 우레가 땅에서 나와 떨침이 예이니, 선왕이 이로써 음악을 짓고 덕을 숭상하며 상제께 성대히 천신(薦新)*하고 조상께 제사를 드린다(象曰 雷出地奮 豫 先王 以 作樂崇德 殷薦之上帝 以配祖考).
* 천신(薦新): 새로 농사지은 수확물을 먼저 사직이나 조상에게 감사의 뜻으로 드리는 의식
 우레는 동(動)이요 땅은 정(靜)이다. 우레 소리가 땅 위에서 울린다는 것은 하늘의 양기와 땅의 음기가 화합했다는 징조이다.
 모든 일에 있어 앞으로의 사태를 예지하고 충분히 준비를 해둔다면 곧 다가올 좋은 기회를 맞이하여 기쁘게 성취한다. 오래전부터 닦아오고 준비해온 보람으로 때를 만나 일약 진취한다. 가정적으로는 생산의 경사, 사회적으로는 입신의 영예, 사업의 발전, 주식의 오름이 있다, 신규 사업에도 좋다. 다만 여자로 인한 재난의 징조가 있으니 유의해야 한다.
 우레가 땅 위로 떨치고 나오니 소리가 나고, 그 소리로 해서 음악이 나오며 음악을 듣고 즐거워한다. 우레가 땅 위에 분출하니 활동적이며 즐겁다. 구사(九四) 양(陽)이 다섯 음(陰)을 즐겁게 하니 구사효가 주효(主爻)이다.
 순서를 지키고 일에 앞서 미리 예방을 하여 이득을 본다. 큰일을 위임받아 능히 이루니 모든 사람의 우러름을 받고 주체가 되어 움직인다. 분묘(墳墓, 무덤)에 관한 괘이기도 하지만 길운에 해당한다. 하늘과 조상을 잘 받들어 정성스럽게 대하되 대리인을 두고 하면 어려운 일이 오히려 경사가 될 것이다.

17. 택뢰수(澤雷隨)

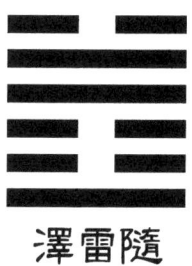

☞ 솜씨가 뛰어난 장인이 옥을 갈고 깎아 그릇을 만든다, 성취, 수행(隨行), 서로 따름, 순종(順從), 질서, 수시(隨時), 때맞춰 따름, 시절에 순응함

隨 元亨 利貞 无咎 수 원형 이정 무구
수는 (음양이 서로 따르고 천하가 때맞춰(隨時) 순응하므로) 크고 형통하며 이롭고 바르므로 허물이 없다.

초구) **官有渝 貞吉, 出門交 有功** 관유투 정길 출문교 유공
관(官)에 변화가 있는데 (육이·육삼과 사귀지 않고) 바르게 하면 길하고, 문밖에 나가서 (구사를) 사귀면 공(功)이 있다.

육이) **係小子 失丈夫** 계소자 실장부
소자(초구)에게 매이면(초구를 따르면) 장부(구사)를 잃는다.

육삼) **係丈夫 失小子, 隨有求得 利居貞** 계장부 실소자 수유구득 이거정
장부(구사)에게 매이고(구사를 따르고) 소자(초구)를 잃으니, (구사를) 따름에 구하는 것을 얻지만 바른 데 거처해야 이롭다.

구사) **隨有獲 貞凶. 有孚 在道 以明 何咎**
　　　수유획 정흉 유부 재도 이명 하구
따름에 얻으려는 것이 있으면 (초구와 육삼의 백성이 대신인 구사를 따르지만 신하로서 천하를 얻으려는 것은 올바른 도가 아니므로) 바르게 하더라도 흉하다. (구오의 임금에게) 믿음을 두고 도(道)에 벗어나지 않고 명백하게 하면 무엇이 허물이겠는가?

구오) 孚于嘉 吉 부우가 길
(中正하여서) 아름다운 데(구이) 믿음이 있으므로 길하다.

상육) 拘係之 乃從維之 王用亨于西山 구계지 내종유지 왕용향우서산
(민심을) 붙잡아 굳게 따르고 좇아서 유지하여 왕이 서산에서 제사를 올리는 것을 쓴다(저녁에 잔치를 베풀어 위로하고 휴식한다).

　수(隨)는 '따르다, 순종하다'의 뜻으로 종속적인 의미가 있어 조금 약한 운세라 할 수 있으나 나쁜 괘라고는 할 수 없다. 낮에는 자기가 해야 할 일을 쉬지 않고 수행하고 밤에는 몸을 편안히 하며 휴식한다.
　우레가 연못 안으로 들어가 감추어 숨는 상을 군자가 보고, 낮에는 자강불식(自强不息)하고 밤에는 낮의 수고로움을 위로하면 쉬는 것이다. 연못 가운데 우레가 있는 것이 수(隨)이니, 군자가 이로써 그믐을 향하여 들어가서 잔치하고 쉬느니라(象曰 澤中有雷 隨 君子 以 嚮晦入宴息).
　수괘를 얻은 사람은 자신이 앞장서는 것보다 남의 뒤를 따르는 게 좋다. 그런데 타의에 의해 따르는 게 아니라 자의로 즐겨 따르는 것이므로 언짢은 일이 아니다. 그러나 자칫하면 우유부단한 점이 있으므로 주의해야 한다.
　여자는 남자의 유혹에 넘어갈 우려가 있다. 수괘는 독립심이 결여된 감이 있으니 남을 따르되 그 사람의 됨됨이를 잘 파악하여 믿음이 있고 성실한 사람이라는 확신을 가진 뒤에 따라야 한다.
　택(澤)이 뇌(雷)를 따르고 소녀가 장남을 따르니 기뻐서 발동하는 것이다. 기뻐 따르다 보니 크게 형통한다. 그러나 잘못 따르게 되면 오히려 흉하게 되므로 바르게 하면 이롭고 허물이 없다.
　모든 일을 때에 맞게 하라. 때가 중요하므로 단전(彖傳)에서 "천하가 때를 따르나니 수의 때와 뜻이 크도다(天下隨時 隨之時義 大矣哉)."라고 했고, 또한 여유가 있어야 하므로 "어둠 가운데로 들어가서 잔치하고 쉰다(嚮晦入宴息)."라고 했다.

18. 산풍고(山風蠱)

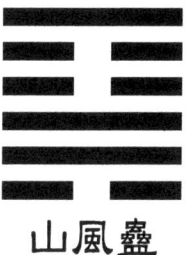

☞ 산 아래 바람이 휘몰아친다, 문제 발생, 일이 생김, 배신, 손해, 쇄신(刷新), 개혁, 새롭게 거듭(重新)

蠱 元亨 利涉大川 先甲三日 後甲三日
고 원형 이섭대천 선갑삼일 후갑삼일
고는 크고 형통하며 큰 내를 건너는(큰일을 도모하는) 것이 이롭지만 갑에서 3일 앞에(辛) 시작하고 갑에서 3일 뒤에(丁) 마쳐야 한다(7일 동안 심사숙고해야 결과가 있다).

초육) **幹父之蠱 有子 考无咎, 厲終吉** 간부지고 유자 고무구 려종길
아버지의 일을 주관하는 것이니 자식이 있으면 죽은 아버지가 허물이 없고, 근심하며 애를 써야 마침내 길하다.

구이) **幹母之蠱 不可貞** 간모지고 불가정
어머니의 일을 주관하는 것이니 바르게 할 수가 없다.

구삼) **幹父之蠱 小有悔 无大咎** 간부지고 소유회 무대구
아버지의 일을 주관하는 것이니 후회는 조금 있으나(조금이라도 뉘우치면) 큰 허물이 없다.

육사) **裕父之蠱 往見吝** 유부지고 왕견린
아버지의 일을 여유 있게 하더라도 (그 일을 계속) 진행하면 인색하게 된다.

육오) **幹父之蠱 用譽** 간부지고 용예
아버지의 일을 주관하니 (구이 신하의 보필이 있고 스스로 부드럽고 中하므로) 명예롭다.

상구) **不事王侯 高尙其事** 불사왕후 고상기사

왕후의 일을 하지 않고(세상의 일을 하지 않고 물러나) (자신의 덕을 닦는) 그 일을 높이 숭상한다.

　고(蠱)는 '일하다, 품팔이하다, 벌레 먹다'는 뜻이다. 산 밑에 바람이 휘몰아치니 산에 쌓였던 많은 물건이 바람 부는 대로 흔들리는 것이다. 상(象)에 이르기를, 산 아래 바람이 있는 것이 고니, 군자가 이로써 장차 어려움이 있을 것을 깨달아 백성을 격려하면서 덕을 기르는 것이다(象曰 山下有風 蠱 君子 以 振民育德).

　벌레가 야금야금 파먹어 들어감에 따라 성한 것이 하루하루 깎이고 줄어드는, 점점 좀먹어 들어가는 형상으로 사업 부진, 금전 적자, 건강 허약 등 좋지 않은 일이 생긴다. 사업가라면 내부의 허술한 점이 없는가를 철저히 파악하여 정비해야 한다. 가정에서도 잘못되어 가고 있다는 점을 알아 미연에 손을 써야만 파탄을 면할 수 있다.

　고(蠱)는 벌레 먹어 일(문제)이 많다는 뜻이다. 간산(艮山)에 손풍(巽風)이 가을바람으로 부니 산에 단풍이 들어 열매가 떨어지는 등 일이 많다. 내호괘 태금(兌金)이 외호괘 진목(震木)을 금극목(金克木)하여 재목을 얻고 하괘 가을 바람이 상괘 산에 불어 그 과실을 떨어트려 얻으니 비록 일은 많지만 잘 처리하여 큰 이득을 얻는 것이다.

　고는 갑일(甲日)을 3일 전후(辛일~丁일)하여 일이 있다. 사건이 많이 생기며 사회가 병들어 있다. 부정부패가 많아 사건사고가 많이 생기는 때이며 예전에 어지러워진 일을 치유하고 개혁하여 어려운 일을 극복한다. 간방(艮方 동북)과 손방(巽方 동남)에 일이 많다.

　괘사에 "고는 크게 형통하니 큰 내를 건넘이 이로우니"라고 하여 큰일을 잘 해결하여 크게 형통한다고 했다. 상사에 '振民育德(진민육덕)'이라고 하여 백성을 진작시켜 풍속을 쇄신하고 덕을 길러 어려움을 극복한다고 했다.

19. 지택림(地澤臨)

☞ 연못이 땅을 윤택하게 적신다, 일에 임함, 거느림, 다스림, 군림(君臨), 선거 출마, 직위 추대, 돌진, 분발해서 전진

臨 元亨 利貞 至于八月 有凶 림 원형 이정 지우팔월 유흉
(음력 12월 섣달인) 림은 크고 형통하며 이롭고 바르지만 (중추 仲秋) 음력 8월에 이르면 흉함이 있다.

초구) **咸臨 貞吉** 함림 정길
(육사와) 느껴서 임하는 것이니 바르게 해서 길하다.

구이) **咸臨 吉 无不利** 함림 길 무불리
(구오와) 느껴서 임하는 것이니 길해서 이롭지 않음이 없다.

육삼) **甘臨 无有利, 旣憂之 无咎** 감림 무유리 기우지 무구
(초구와 구이에게 쾌락으로) 달게 임하는 것이니 이로운 바가 없으나, 이미 그것을 근심하여 뉘우치므로 허물이 없다.

육사) **至臨 无咎** 지림 무구
(음이 음 자리에 있어 바르고) (초구에게) 지극하게 임하는 것이니 허물이 없다.

육오) **知臨 大君之宜 吉** 지림 대군지의 길
(음이 양 자리에 있어 임금 역할을 하기가 어렵다는 것을 알고) 지혜롭게 (구이에게) 임하는 것이니 대군의 마땅함이므로 길하다.

상육) **敦臨 吉 无咎** 돈림 길 무구

(음이 음 자리에 있어 바르고 맨 위에 있어서) (초구와 구이에게) 돈독하게 임하는 것이니 길하고 허물이 없다.

　림(臨)은 '순서를 밟다, 군림하다'는 뜻이다. 지위나 자리에 군림함으로써 명성을 떨치는 것이며, 작은 것을 쌓아서 큰 것을 이루는 좋은 괘이다.

　상(象)에 이르기를, 못 위에 땅이 있는 것이 림(臨)이니, 군자가 이러한 상을 보고 못이 땅을 윤택하게 하는 것과 같이 백성을 가르치는 생각을 끝없이 하고, 땅이 물을 받아들임에 한이 없듯이 백성을 너그러움으로 포용하여 보호하는 것이다(象曰 澤上有地 臨 君子 以 敎思无窮 容保民无疆).

　국회의원에 출마한다든가, 남의 추대를 받아 윗자리에 오르는 데 매우 좋다. 매우 바쁜 일에 봉착하는데 서두르지 말고 차근차근 성심을 갖고 처리해나가면 좋은 결과가 있다.

　군자가 아래로 임해 뜻을 편다는 뜻이다. 땅을 파니 물이 고이는 격이다. 내호괘 진목(震木)이 태택(兌澤)의 물을 얻어 성장하고 상괘 곤지(坤地)의 조절로 물이 넘치지 않으니 이제까지의 어려움이 차츰 풀려 나가는 개운의 때이다. 큰 것이 작은 것에 군림하여 모든 일을 처리해준다.

　진목이 때를 만나 적극적으로 분발함에 지위나 재물에 좋은 변동이 오니 외국 유학 또는 지사의 책임자로 나간다. 다만 양기가 너무 발동하여 자신만만하게 나가다가는 남의 감언이설에 속거나 큰 낭패를 당할 염려가 있다.

　괘사에 크게 형통하는 때이지만 분수 외의 일을 호언장담 하듯이 하면 오히려 흉하게 된다고 하였다. 상사에서도 만물이 커나가는 때이지만 끊임없이 경계하여 그 생하는 뜻을 보존하라고 하였다.

20. 풍지관(風地觀)

☞ 주변을 관찰하고 반성, 관찰, 관망, 승진,
  온중(穩重), 정관(正觀)

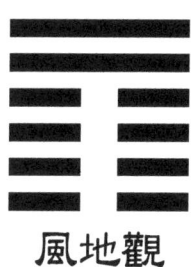

觀 盥而不薦 有孚 顒若 관 관이불천 유부 옹약
관은 세수를 하고 아직 제사를 올리지 않았을 때와 같이 엄숙하게 하면 (아랫사람들이) 믿음을 두어서 우러러볼 것이다.

초육) **童觀 小人无咎 君子吝** 동관 소인무구 군자인
어린아이의 봄이니 소인은 허물이 없고 군자는 인색하다.

육이) **闚觀 利女貞** 규관 이여정
(육삼·육사가 가로막고 있어서 구오를 문틈으로) 엿보는 것이니 여자가 바르게 하면 이롭다.

육삼) **觀我生 進退** 관아생 진퇴
나의 생김새(능력)를 살펴봐서 (구오에게) 나아가거나 물러난다.

육사) **觀國之光 利用賓于王** 관국지광 이용빈우왕
나라가 빛남(태평성대)을 보는 것이니 왕(구오)에게 나아가 벼슬하는 것이 이롭다.

구오) **觀我生 君子无咎** 관아생 군자무구
나의 생김새(백성)를 살펴보되 군자라면 허물이 없다.

상구) **觀其生 君子无咎** 관기생 군자무구

그(구오) 생김새(백성)를 살펴보되 군자라면 허물이 없다.

관(觀)은 '보다, 살피다'로 세상의 움직임과 인심의 동향, 사물에 대해 잘 관찰하라는 뜻이다. 상(象)에 이르기를, 바람이 땅 위에서 부는 것이 관이니, 선왕은 사방을 순시하면서 백성을 살펴서 바른 정치와 교화를 베푸는 것이다(象曰 風行地上 觀 先王 以 省方觀民 設敎).

자신의 주변을 잘 관찰하고 반성할 때에 처해 있다. 그리하여 잘못이 있으면 이를 바로잡는 등 빈틈없는 정비와 조치를 한다면 뭇사람의 신망과 존경을 받아 지위가 확보된다. 교육자나 지도자인 사람에게 매우 좋은 괘로 여러 사람의 등불이 되는 위치에 오른다.

바람이 땅 위에 불듯 선왕이 백성을 살펴 교화한다는 뜻이다. 인군의 자리는 비록 양이 차지하고 있지만 실질적인 권세는 신하에게 있는 상이므로 자기 자신과 주위를 잘 관찰해서 일을 행해나가야 한다.

깊은 통찰력과 사색을 필요로 하는 사상가·종교인·교육자·연구직 종사자는 크게 성공한다. 특히 지역과 풍토를 잘 살펴 교육 사업을 시작한다. 이미 음기가 성해서 양기를 몰아내는 때이니 한걸음 물러나 정신수양이나 고문 역할을 하면 좋지만 새로운 일을 시작하거나 물질적인 이익을 얻으려 하면 낭패를 당한다.

넓은 안목으로 정확히 관찰하여 안정을 이루고 일관성 있게 추진해나가면 절대적인 지지를 획득한다. 인심이 동요하니 매사에 신중하게 처신해야 한다. 이사 등 변동수가 있고, 변동할 때 재앙이 따르기 쉬우므로 조심해야 한다.

괘사에서 "관은 세수를 하고 엄숙하게 아직 제사를 올리지 아니하면, 백성들이 믿음을 두어서 우러러보리라."라고 했다. 효자가 제사 지내기 전에 세수를 하고 몸에 정성이 가득하면 사람들이 우러러보는 것처럼 매사에 정성을 다하면 모든 사람이 절대적인 존경을 한다.

21. 화뢰서합(火雷噬嗑)

☞ 음식을 입 안에 넣고 씹어서 합한다, 형벌, 옥사
(獄事), 매듭지음, 장애물 제거, 합치(合致)

噬嗑 亨 利用獄 서합 형 이용옥
서합은 (가로막은 장애물을 제거하면) 형통하니 (장애물을 다스리는) 옥사(獄事)를 쓰는 것이 이롭다.

초구) **履校 滅趾 无咎** 구교 멸지 무구
(아직 큰 죄를 짓지 않았을 때) 형틀을 씌어서(형벌을 주어서) 발꿈치를 없애니 (더이상 큰 죄를 짓지 않도록 하니) 허물이 없다.

육이) **噬膚 滅鼻 无咎** 서부 멸비 무구
(유순중정柔順中正한 덕으로 형벌을 주기를 부드러운) 살갗을 씹듯이 하지만 (초구가 너무 억세어 반항하므로) 코를 없애는 엄한 형벌을 쓰니 허물이 없다.

육삼) **噬腊肉 遇毒 小吝 无咎** 서석육 우독 소린 무구
[유약하고 부중정(不中正)한 덕으로] 말린 고기(상구)를 씹다가(상구에게 형벌을 주다가) 독을 만나니(상구가 쉽게 복종하지 않으니) 조금 인색하지만 [형벌을 줌이 상구와 정응(正應)하여 의리에 어긋나는 것이 아니므로] 허물은 없다.

구사) **噬乾胏 得金矢 利艱貞 吉** 서건자 득금시 이간정 길
뼈있는 마른고기(상구와 초구)를 씹다가(형벌을 주다가) (중한 죄를 지은 상구에게서) 금과 (작은 죄를 지은 초구에게서) 화살을 얻으니 [부중정(不

中正)한 자리에서 서합의 책임을 맡아 두 양을 함께 씹어서 합해야 하므로] 어렵게 여기고 조심해서 바르게 하면 이로우니 길하다.

육오) **噬乾肉 得黃金 貞厲 无咎** 서건육 득황금 정려 무구
마른고기(상구)를 씹어서 황금을 얻지만 [부정(不正)한 자리이므로] 바르고 위태롭게 해야 허물이 없다.

상구) **何校 滅耳 凶** 하교 멸이 흉
(죄를 이미 많이 지었기에) 형틀을 씌어서 (총명하지 못한) 귀를 없애니 흉하다.

서합(噬嗑)은 '씹어서 합친다'로서, 딱딱한 것을 입 안에 넣고 씹듯이 매사를 완전무결하게 매듭지으라는 뜻이다. 상(象)에 이르기를, 우레와 번개가 서합이니 선왕은 이를 본받아 죄의 경중과 유무를 밝히고, 위엄을 보임으로써 두려워 법을 어기지 않게 한다(象曰 雷電 噬嗑 先王 以 明罰勅法).
서합괘를 얻은 사람은 현재 꺼림칙한 것이 있다. 마치 잘 씹히지 않는 음식물이 이(齒) 사이에 끼어있어 불편한 것과 같다. 그러나 꺼림칙한 것을 완전히 씹어 삼키면 상쾌해지는 것이니, 현재 미흡한 일이 있으면 그것을 완전히 해결함으로써 개운하고 시원하다. 매사에 장애물은 있기 마련이고, 그 장애물을 차근하고 과감하게 제거해나가면 마침내 산뜻한 성과를 얻을 수 있다. 오래된 장애물을 제거하여 형통하다
장애물[九四]을 제거해야 모든 것이 잘 통하게 된다. 화뢰(火雷)가 동시에 발동하여 천둥 번개를 동반하니 형벌을 하는 상이다. 외명(外明)하고 내동(內動)하니 현명한 재판관이다. 입안의 물건을 씹어 합하면 몸을 기를 수 있어 좋지만, 먹지 못하면 오히려 해가 된다. 따라서 열의와 정성으로 해야만 사회의 모든 폐단을 다스릴 수 있다.
그러나 구설수가 있다는 징조이다. 괜한 일에 간섭하거나 남을 비방하면 구설수에 오른다.

22. 산화비(山火賁)

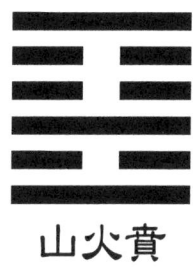

☞ 산속에서 활활 타는 불, 울긋불긋 단풍, 아름답게 꾸밈, 속임수, 사기 조심, 실속 없다, 장식, 치장, 겉모습, 외양

賁 亨 小利有攸往 비 형 소리유유왕
비는 형통하나 (장식은 실질을 더하는 것이 아니므로) 나아가는 것이 조금 이롭다.
賁(꾸밀 비, 클 분)=卉(풀 훼)+貝(조개 패), 결실이 무성(茂盛)한 모양

초구) **賁其趾 舍車而徒** 비기지 사거이도
그 발꿈치를 꾸밈이니 (육사와의 의리 때문에) 수레를 버리고 걷는다.

육이) **賁其須** 비기수
(구삼의 턱에 붙어서) 그 수염을 꾸민다.

구삼) **賁如 濡如 永貞 吉** 비여 유여 영정 길
(육이·육사 두 음陰이 꾸며 주고 있어) 무성하고 윤택하지만 (두 음의 꾸밈에만 빠져 있으면 안 되므로) 오래도록 바르게 해야 길하다.

육사) **賁如 皤如 白馬 翰如 匪寇 婚媾** 비여 파여 백마 한여 비구 혼구
무성하고 (본바탕이) 하얗게 희며 (초구에게로) 흰말이 나니 (구삼이) 도적이 아니므로 (초구와) 혼인을 한다.

육오) **賁于丘園 束帛 戔戔 吝 終吉** 비우구원 속백 전전 인 종길
언덕과 정원에서(상구, 가까이 있는 어진 인재와 같이) 꾸밈이니 (초빙 예

물로 드리는) 비단 묶음이 적으면 인색하나 결국은 (상구의 도움이 있어서) 길하다.

상구) **白賁 无咎** 백비 무구
(꾸밈이 극에 이르니 극즉반極則反하여 본래의 모습으로 돌아가서) 소박하게 꾸미면 허물이 없다.

　비(賁)는 '꾸미다, 아름답게 장식하다'의 뜻으로, 속임수도 내포하고 있다. 상(象)에 이르기를, 산 아래 불이 있는 것이 비이니 군자가 이로써 서정(庶政)을 밝게 다스리되 송사와 형옥을 신중히 처리한다(象曰 山下有火 賁 君子 以 明庶政 无敢折獄).
　남의 감언이설이나 속임수에 넘어가지 않도록 주의해야 한다. 허례허식이나 사치에 마음이 쏠려 쓸데없는데 시간과 금전을 낭비할 우려가 있다. 미혼일 경우 혼담이 생긴다면 중매인 또는 상대방이 그럴싸하게 위장하여 나를 속이고 있으니 주의해야 한다. 그러나 비괘는 지도자의 위치에 오르거나 예술방면에서 인기를 얻는 데는 매우 좋다. 왜냐하면 뭇사람의 추앙과 선망을 받는 데는 적합하기 때문이다.
　비는 산에 있는 물건들을 잘 꾸민다는 뜻이다. 내괘 이화(離火)가 외괘 간토(艮土)를 생해주니 남 보기에는 화려해도 자신은 설기(泄氣)되어서 실속이 없다. 산속에서 불이 활활 타고 있어 빛이 나니 석양의 빛 또는 단풍의 화려함과 같아 오래가지 못하는 특성이 있다. 그러나 삼양(三陽) 삼음(三陰)으로 음양이 적당히 꾸미고 있으니 달빛 아래 등불의 상으로 천문·인문 등 학문과 예술 방면에 길하다.
　실질적인 부와 실력이 부족한 사람이 외양에만 급급하여 허세를 부리다 손해를 볼 수 있으니, 큰일은 삼가고 작은 일에 충실하면 길하다. 그러나 어느 정도 외관을 꾸며 자랑하는 일은 의외로 성공하여 영달을 가져올 수 있다. 일을 잘 도모하여 꾸미되 분수 밖의 일은 함부로 하지 말라.

23. 산지박(山地剝)

☞ 산이 깎여 나감, 쇠락, 쇠진(衰盡), 깎임, 잠시 정지, 신중, 수양, 꽉 막힌 시기

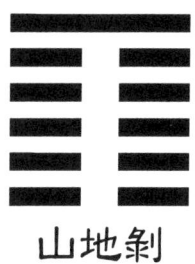

剝 不利有攸往 박 불리유유왕
박은 가는 바를 두는 것(나아가는 것)이 이롭지 않다.

초육) **剝牀以足 蔑貞 凶** 박상이족 멸정 흉
침상(寢牀)의 다리를 깎아서 바른 것을 없애니 흉하다.

육이) **剝牀以辨 蔑貞 凶** 박상이변 멸정 흉
침상의 언저리를 깎아서 바른 것을 없애니 흉하다.

육삼) **剝之无咎** 박지무구
(비록 不中正하나 위의 육사·육오와 아래의 초육·육이를 따르지 않고 상구를 응하여 따르므로) 깎아 내더라도 허물이 없다.

육사) **剝牀以膚 凶** 박상이부 흉
침상의 맨 위까지 깎으니 흉하다.

육오) **貫魚 以宮人寵 无不利** 관어 이궁인총 무불리
물고기를 꿰어서(초육·육이·육사의 음을 다스려서) (상구의 곁에 있는) 궁인(宮人)처럼 총애를 얻으면 이롭지 않음이 없다.

상구) **碩果不食 君子得輿 小人剝廬** 석과불식 군자득여 소인박려
(종자로 쓸) 큰 열매는 먹지 않으니 군자는 수레로 모셔지고 소인은 집을

깎아 망친다.

  박(剝)은 '깎이다, 벗기다, 갉아 먹다'의 뜻이다. 태산이 점점 무너지고 깎이고 이지러져서 그 모습이 볼품없어진다. 상(象)에 이르기를, 산이 땅에 붙어 있는 것이 박이니, 군자가 이를 본받아 나라의 근본이 되는 백성을 부유롭게 하여 국가(집)를 편안히 한다(象曰 山附於地 剝 上 以厚下安宅).

  일이 깎이고 무너진다는 징조이다. 그러므로 발전은 고사하고 현상 유지에 힘써야 한다. 직장인이라면 그 자리를 뺏으려고 하는 중상모략이 있고, 사업가라면 경쟁 회사에서 악의적 경쟁을 시도하고 있다. 당하지 않으려고 버티면 오히려 일락천장(一落千丈)의 수렁으로 빠질 것이니, 최선의 방법은 한걸음 뒤로 물러나 양보하는 형식을 취하면서 겸손과 성실로 인화(人和)에 힘쓰는 것이다.

  음이 양을 깎는다는 뜻이 박(剝)이다. 음이 처음 나온 구(姤)괘부터 돈(遯)·비(否)·관(觀)괘를 거쳐 이제 마지막 양을 하나 남겨 두었으니 양의 기운이 쇠락하는 때이다. 박은 음이 양을 깎는 때이므로 선의나 성의가 통하지 않으니 모든 일에 신중히 처신하여야 한다.

  몸은 병들어 마르고, 하는 일도 그 궤도가 무너진다. 생활은 불안정하나 좌절하지 말라. 마지막 한 가닥 희망이 있으니 바로 석과불식(碩果不食), 즉 큰 과일은 먹지 않고 종자로 남겨둠이다. 함부로 다니지 말라. 때가 오면 자신도 그 방향을 얻고 집안이 편해진다.

  괘사에 "박은 가는 바를 둠이 이롭지 아니하니라."라고 하고, 상사에서 "厚下安宅(후하안택)"이라고 하여 현실에 순응하고 신중히 처신하면서 수양을 쌓으라고 했다.

24. 지뢰복(地雷復)

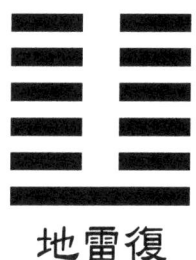

☞ 꽁꽁 언 땅에 봄이 왔다, 땅을 파서 금을 얻음,
회복, 호전(好轉), 좋아지기 시작, 긍정적으로 복귀

復 亨 出入无疾 朋來无咎. 反復其道 七日來復 利有攸往
복 형 출입무질 붕래무구. 반복기도 칠일래복 이유유왕
복은 형통하니 (陽이) 나가고 들어옴에 병이 없으므로 벗[양]이 와도 허물이 없다. 그 도를 반복해서 7일(5월에서 11월까지 7달)이 지나면 (양을) 회복하니 나아가는 것이 이롭다.

초구) **不遠復. 无祗悔 元吉** 불원복 무지회 원길
머지않아 회복한다. 후회하는 데 이르지 않을 것이니 크게 길하다.

육이) **休復 吉** 휴복 길
아름답게 회복하니 길하다.

육삼) **頻復 厲 无咎** 빈복 려 무구
[부중정(不中正)·무응비(無應比)하므로 불안하여] 자주 회복하고 (자주 잃으므로) 위태롭지만 허물은 없다.

육사) **中行 獨復** 중행 독복
(다섯 음의) 가운데서 행하고 (유일한 양인 초구와 응하므로 초구의 도를 좇아) 홀로 회복한다.

육오) **敦復 无悔** 돈복 무회
[득중(得中)한 존위(尊位)에 있어서] 돈독하게 회복하니 후회가 없다.

상육) **迷復 凶 有災眚. 用行師 終有大敗 以其國 君凶 至于十年 不克征**
미복 흉 유재생. 용행사 종유대패 이기국 군흉 지우십년 불극정

미혹되게 회복하는 것이라 흉하고 여러 재앙이 있다. 군사를 움직이면 마침내 크게 패하고, 나라를 다스리면 임금이 흉해서 10년이 지나도 능히 다스리지(정벌하지) 못한다.

　복(復)은 '다시 하다, 되돌아오다, 회복하다'는 뜻으로 제자리로 다시 돌아온다는 의미가 있다. 온 만물이 꽁꽁 얼어 꼼짝을 못하고 있던 상태에서 화창한 봄이 돌아오듯이, 지금까지 괴롭고 암담한 환경에 처해 있던 사람에게 즐겁고 광명한 운이 돌아온다. 양이 땅속에서 회복하니 봄이 멀지 않았다. 그러나 아직 완전히 회복한 상태가 아니므로 경거망동하지 말고 힘을 기르면서 기다려라.

　상(象)에 이르기를 우레가 땅 가운데 있는 것이 복이니, 선왕이 이를 본받아 동짓날 관문을 닫아 장사와 여행을 못하게 하여 양의 기운이 처음 생겨나는 동지 때 양의 기운을 기르도록 하며, 임금도 지방 순찰에 나가지 않고 안정하며 백성과 더불어 양기를 기른다(象曰 雷在地中 復 先王 以 至日閉關 商旅不行 后不省方). 동지 때 양의 기운을 길러놔야 한해를 무탈하고 건강하게 지낼 수 있는 것이다.

　제왕들은 일양(一陽)이 시생(始生)하는 동지 때 모든 정사(政事)에서 손을 떼고 새 기운이 돌아올 때까지 기다린다. 겨울을 만난 초목처럼 현재 매우 곤경에 처해 있다. 그러나 겨울이 오면 봄도 머지않다. 곤액이 지나고 희망이 반드시 돌아온다. 특히 고향을 떠나 타향에서 방황하는 사람에게 좋다. 숱한 시련과 고통을 참으면서 노력한 보람으로 성공하여 금의환향할 수 있다. 그러나 지금 한창 성운에 있는 사람이라면 점차 쇠운으로 가고 있다는 점을 명심해야 한다.

　복은 땅 밑에서 양이 회복해 올라온다는 뜻이다. 진목(震木)이 곤토(坤土)를 뚫고 자라나는 상이니, 아직 그 힘은 미미하지만 앞으로 크게 성장할 운이다. 실의와 절망 속에서 7년 만에 그 모든 것을 회복한다. 잃었던 직장을 다시 얻고 빼앗긴 재산을 되찾는다. 과거에 실패했던 일을 다시 하면 성공한다. 벗들이 다시 찾아오고 할 일이 생긴다.

25. 천뢰무망(天雷无妄)

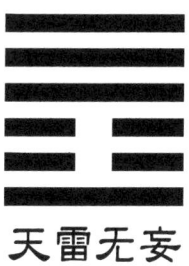

☞ 소리만 크고 실속이 없다, 천명(天命)에 순응(順應), 근신(謹愼), 인내, 침착, 원칙주의, 근심 없음, 무위(無爲)의 허와 실

无妄 元亨 利貞 其匪正 有眚 不利有攸往
무망 원형 이정 기비정 유생 불리유유왕
무망은 크게 형통하고 바르게 함이 이로우니, 바르지 않으면 재앙이 있으므로 나아가는 것이 이롭지 않다.

초구) **无妄 往吉** 무망 왕길
망령됨이 없으니 나아가는 것이 길하다.

육이) **不耕 穫 不菑 畬 則利有攸往** 불경 확 불치 여 즉이유유왕
밭을 갈지 않아도 수확하며, 새로운 밭을 일구지 않아도 좋은 밭이 되니 (인위적으로 노력하지 않아도 저절로 좋게 이루어지니) 나아가는 것이 이롭다.

육삼) **无妄之災 或繫之牛 行人之得 邑人之災**
　　　무망지재 혹계지우 행인지득 읍인지재
무망의 재앙으로서, 매어둔 소를 지나가는 사람이 끌고 가버리니 마을 사람들이 서로 의심·경계하고 갈등하므로 재앙이 된다.

구사) **可貞 无咎** 가정 무구
바르게 할 수 있으면 허물이 없다.

구오) **无妄之疾 勿藥 有喜** 무망지질 물약 유희
[득중득정(得中得正)한 존위(尊位)에 있고, 육이가 응하여 내조하므로 전

혀 망령되지 않다. 그러나 음양이 상응하는 것이 오히려 병폐가 될 수도 있으므로] 무망의 병은 약을 쓰지 않고 (스스로 마음을 다스려 치유하면) 기쁨이 있다.

상구) 无妄 行 有眚 无攸利 무망 행 유생 무유리
(무망의 끝에 있으니 그 자리에 그쳐 머물러야 하는데) 나가면 재앙이 있어서 이로운 것이 없다.

　무망(无妄)은 일이 잘 풀리지 않는다는 뜻이다. 비유하건대 가뭄에 하늘에서 우레 소리만 들리고 비는 오지 않는 형상이다. 그러나 우레가 잦으면 결국 비가 오게 되는 것이니 시련을 겪은 뒤라야만 일이 해결된다.
　상(象)에 이르기를 하늘 아래에서 우레가 행하여 물건마다 각기 무망(无妄)의 천성(天性)과 천명(天命)을 부여하니 선대의 훌륭한 임금은 이를 본받아 각기 무성한 때를 기다려 만물을 길러나간다(象曰 天下雷行 物與 无妄 先王 以 茂對時 育萬物). 자신의 본성을 잃지 않고 바르게 행하면 허물이 없다.
　무망괘를 얻은 사람은 현재 무언가를 갈구하면서도 그것을 얻지 못하여 매우 안타까운 심정이다. 현재 상황으로 봐서는 될듯하면서도 잘 되어가지 않는다. 때를 기다려라. 반드시 그것을 이룩하거나 구하는 바를 얻을 수 있다. 자포자기에 빠져 하던 일을 단념하면 여태껏 노력한 보람이 없다. 다만 운세가 약하여 기대한 만큼의 성과를 얻지 못하는 것이다. 금전이나 재물 관계보다는 관직을 구하는 일이나 명예와 인기를 얻으려는데 좋은 괘다.
　하늘 아래 우레가 울려 하늘의 바름과 경고를 보인다는 뜻이 무망(无妄)이다. 하늘 아래 우레가 울리며 만물을 생동케 한다. 천둥소리가 갑자기 들리듯 불의의 일이 생기는 것이며, 잘못 움직이다 재앙이 생길 수 있다. 현명한 사람은 이런 때일수록 자기 본성을 잃지 않고 모든 사람에게 정직하게 대한다. 대체로 좋지 않은 운이다. 바르지 않으면 재앙이 있으니 갈 바를 둠이 이롭지 아니하니라.

26. 산천대축(山天大畜)

☞ 티끌 모아 태산, 근면·성실·부지런, 야망, 견고하게 높이 쌓음, 크게 쌓음, 큰 성공, 널리 베풂음

大畜 利貞 不家食 吉 利涉大川
　대축 이정 불가식 길 이섭대천
대축은 (크게 쌓으려면) 바르게 해야 이로우며, (쌓은 후에는 세상에 나가 크게 베풀어야 하므로) 집에서 먹지 아니하면(밖에 나가 세상 사람들과 같이 식사하면) 길하고, 큰 내를 건너는 것(천하의 어려움을 구제하도록 노력하는 것)이 이롭다.

초구) **有厲 利已** 유려 이이
(위로 올라가려는) 위태로움이 있으니 그치는 것이 이롭다.

구이) **輿說輹** 여탈복
[위로 올라가려는 뜻은 있으나 득중(得中)하였으므로 스스로] 수레의 바퀴살을 벗긴다(그래서 허물이 없다).

구삼) **良馬逐 利艱貞. 日閑輿衛 利有攸往**
　　　양마축 이간정 일한여위 이유유왕
좋은 말로 쫓아감이니 어렵게 여기고 바르게 하면 이롭다. 날마다 수레 모는 것과 호위하는 것을 익혀서 (세상에) 나아가는 것이 이롭다.

육사) **童牛之牿 元吉** 동우지곡 원길
송아지(초구)의 코뚜레이니 크게 길하다.

육오) **豶豕之牙 吉** 분시지아 길
[유약한 임금의 자리에 있으면서 양강한 구이(돼지)를 다스려야 하는 어려움이 있는데, 중(中)의 덕이 있으므로 지혜롭게 돼지의 불알을 까서 그

성질을 순하게 하니 돼지의 억센 어금니도 잘라낼 수 있으므로] 거세한 돼지의 어금니이니 길하다.

상구) 何天之衢 亨 하천지구 형
[크게 쌓는 때의 끝에 있어서 옛 성현들의 언행을 체득하니(多識前言往行) 자연스레 환하게 통하여 도를 깨달아(豁然貫通) 거리낌이 없는 도통군자(道通君子)가 되었으니] 어찌 하늘을 거니는가! 형통하도다.

 대축(大畜)은 '크게 쌓는다, 크게 기른다'는 뜻으로 적은 것이 차츰 모여 많은 것이 되고, 작은 것을 모아 큰 것을 이룬다는 의미이다. 상(象)에 이르길, 하늘이 산중에 있는 것이 대축이니, 군자가 본받아서 옛 성현의 말과 행실을 많이 알아서 그 덕을 쌓는다(天在山中 大畜 君子 以 多識前言往行 以畜其德).
 시냇물이 사방에서 모여 호수가 되고, 티끌이 모여 태산이 된다. 쉬지 않고 끊임없이 노력하면 마침내 큰 성과를 이룬다. 그러나 현재로서는 그러한 일을 달성하려는 과정에 있으니 노력도 중요하려니와 쌓아놓은 것의 관리도 소홀히 해서는 안 된다. 운세가 강하므로 웬만한 어려움은 능히 돌파해나갈 수 있고 결과는 흡족하다.
 산이 위에 있고 하늘이 아래에 있는 상이니, 크게 양을 그치게 한다는 뜻이 대축(大畜)이다. 간산(艮山)이 건금(乾金)을 생함으로써 안에 많은 것을 저축한다. 즉 작은 산속에 큰 하늘이 있는 것과 같이 안으로 도덕은 하늘과 같고 학식은 바다와 같으며, 밖으로는 재물과 명예를 얻는다. 하늘이 쉴새 없이 운행하는 것과 같이 집에서 식사를 할 겨를이 없이 바쁘다. 광물이 많은 금광산(金鑛山)의 상이며, 많이 쌓기는 했으나 그것을 캐서 제련하여 쓸 수 있을 때까지는 시일이 필요하다.
 괘사에 "집에서 먹지 아니하면 길하니 큰 내를 건넘이 이로우니라."라고 하여, 밖으로 부지런히 활동하라고 하였다. 상사에 "옛 성현의 말과 행실을 많이 알아 마음에 새겨서 그 덕을 쌓느니라."라고 하여, 안으로 덕과 학식을 많이 쌓아두면 크게 쓰일 데가 있다고 하였다.

27. 산뢰이(山雷頤)

☞ 입 안의 음식, 위아래 턱, 언어 신중, 말조심, 구설(口舌) 조심, 음식 절제, 분수 지킴, 양육(養育), 길러냄, 수양(修養)

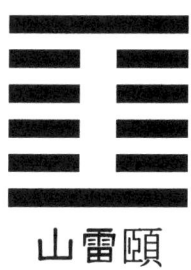

頤 貞吉 觀頤 自求口實 이 정길 관이 자구구실
이는 바르게 하면 길하니 (상구·초구가 가운데 네 음효를) 길러내는 것을 보고 스스로 입으로 길러내는(양육하는) 것의 실질[도(道)]을 구한다.

초구) **舍爾靈龜 觀我朶頤 凶** 사이영귀 관아타이 흉
너(초구)의 신령한 거북이를 버리고 나[정응(正應)인 육사]를 보고서 턱을 벌리니 흉하다.

육이) **顚頤 拂經. 于丘 頤 征凶** 전이 불경 우구 이 정흉
[아직 음유(陰柔)하므로 때를 기다리면서 자신을 길러야 함에도 불구하고 기다리지 못하고] 거꾸로 (아래 초구에게) 길러지는 것이라(길러짐을 구하는 것이라) 법도에 어긋난다. 언덕(상구)에 기대어 길러지려 해서 나아가면 [상구와 정응(正應)이 아니므로 길러짐을 얻지 못해] 흉하다.

육삼) **拂頤貞 凶 十年勿用 无攸利** 불이정 흉 십년물용 무유리
[부정부중(不正不中)하고 유약(柔弱)하므로 정응(正應)인 상구를 기다려야 바른 것인데, 이를 어기고 초구에게 구하러 가니] 길러지는 바른 도(道)를 거스르는 것이라 흉하므로 10년 동안 쓰지 못하고 이로운 바가 없다.

육사) **顚頤 吉. 虎視耽耽 其欲逐逐 无咎**
　　　전이 길 호시탐탐 기욕축축 무구

(中은 못 얻었으나 음이 음자리에 있어 바르므로(得正) 정응인 초구에게서) 거꾸로 길러지는 것이므로 길하다. (그러나 초구와의 사이에 육이·육삼이 가로막고 초구를 원하므로) 호랑이가 먹잇감을 노리듯이 (오로지 초구를 바라보며) 그 구하려는 마음을 쫓고 또 쫓으면(잠시라도 잊지 않으면) 허물이 없다.

육오) **拂經 居貞 吉 不可涉大川** 불경 거정 길 불가섭대천
[임금의 자리에 있으나 유약하므로 마땅히 양강(陽剛)한 신하의 도움을 받아 천하를 다스려야 하는데, 응하는 육이도 유약하므로 어쩔 수 없이 위의 상구에게 의지하므로] 법도를 거스르는 것이나, 바르게 거처하면 길하지만(백성들을 기르는 일은 할 수 있지만) 큰 내를 건널 수(큰일은 도모할 수)는 없다.

상구) **由頤 厲吉 利涉大川** 유이 려길 이섭대천
(이괘의 끝에 있어서 지금까지) 길러내고 있으나 (육오 임금이 유약하므로) 위태롭게(조심 조심스럽게) 일을 처리하면 길하고, 큰 내를 건너더라도(큰일을 도모하더라도) 이롭다.

 이(頤)는 '턱, 기르다'는 의미가 있다. 입과 관련이 있으며 음식·말 등을 조심하라는 교훈을 갖는다. 즉 음식을 잘못 먹어 탈이 나거나, 언행을 잘못해 구설을 당할 수 있다. 상(象)에 이르기를, 산 아래 우레가 있는 것이니, 군자가 이로써 언어를 삼가며 음식을 절제 한다(象曰 山下有雷 頤 君子 以 愼言語 節飮食하나니라).
 두 양효 사이에 네 음이 싸여 있다. 즉 겉으로는 실하나 속으로는 허한 사람 턱의 상이다. 사람이 입으로 먹고 마시어야 사람 몸을 기를 수 있다. 겉으로는 무사태평한 것 같으나 내면에는 고민이 있다. 그러나 자신이 해야 할 일이 무엇인가를 알아서 자신의 분수에 맞는 일을 성실히 행

한다면 위아래 턱이 합심하여 입안의 음식을 잘 씹듯이 위아래에서 협력하여 당사자를 도움으로써 마침내 좋은 결과를 얻는다.

이(頤)는 음식을 씹어서 양육한다는 뜻이다. 나무가 산에서 자라는 형상이다. 나무가 적당한 위치에서 자라듯이 사람도 저마다 자신의 위치에 알맞게 정신·학문·도덕을 기른 후, 매사에 임하여 나아간다. 천지가 만물을 기르듯이 성인과 지도자는 사람을 기른다.

먹여서 키운 다음에야 쓸 수 있으므로 현재 당장 발복(發福)되는 것은 아니지만 꾸준히 노력하면 곧 좋은 운이 된다. 위아래 턱의 상(象)이므로 말이나 음식물을 조심해야 한다. 상하가 힘을 합해 잘 이끌어 가는데 중간에 방해자가 나타나 이간질하는 것을 조심해야 한다.

괘사에 "이는 바르면 길하니, 턱을 살펴보아 스스로 구실(몸을 기르는 방법)을 찾는다."라고 하여, 말을 삼가고 분수를 지키며 자신을 정신적·육체적으로 기르고 수양하는 때임을 명심하라고 하였다.

28. 택풍대과(澤風大過)

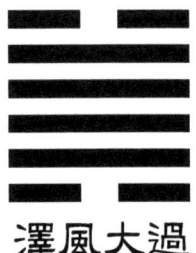

☞ 연못에 물이 많아 오히려 나무가 멸함, 본말전도(本末顚倒), 과유불급(過猶不及), 초과(超過), 지나치게 과함, 크게 지나감, 너무 지나침

大過 棟橈 利有攸往 亨 대과 동요 이유유왕 형
대과는 (가운데의 네 양을 위아래의 두 음이 감당하지 못하여) 기둥이 흔들리지만 (지나친 양이 군자이므로) 나아가는 것이 이로우며 형통하다.

초육) **藉用白茅 无咎** 자용백모 무구
(음으로서 제일 아래에 있으니 겸손하고 삼가하여) 자리를 까는 데 흰 띠를 쓰니 허물이 없다.

구이) **枯楊 生稊 老夫 得其女妻 无不利**
　　　고양 생제 노부 득기여처 무불리
(中을 얻고 아래로 초육 음과 서로 比가 되어 도우므로) 마른 버들에 싹이 나며 늙은 지아비가 젊은 아내를 얻으니 (음양이 서로 화합하여) 이롭지 않은 것이 없다.

구삼) **棟橈 凶** 동요 흉
[대과의 때에 강(剛)이 강(剛)자리에 있어 과강(過剛)하고, 中을 얻지 못했으며, 위로 정응(正應)인 상육도 취하지 못해서] 기둥이 흔들리니 흉하다.

구사) **棟隆 吉 有它 吝** 동륭 길 유타 인
[강(剛)이 음(陰)자리에 있어 강유(剛柔)를 겸비한 대신이므로, 위로 구오 임금을 도우면] 기둥이 높아지니 길하지만, 다른 것을 두면(초육을 찾아가면) (유약해지므로) 인색하다.

구오) **枯楊 生華 老婦 得其士夫 无咎 无譽**
　　　고양 생화 노부 득기사부 무구 무예
(임금의 자리에 있고 中正하나 아래로 도와주는 신하가 없고, 위로는 이

미 지나친 음인 상육만이 比가 되어 도와주므로) 마른 버들에 꽃이 나며 늙은 지어미(상육)가 젊은 남자(구오)를 얻으니 허물은 없으나 명예(후손)도 없다.

상육) **過涉滅頂 凶 无咎** 과섭멸정 흉 무구
(이미 지극한 음인데도 자기 분수를 모르고) 지나치게(험난함을) 건너다가 이마를 멸하니 흉하지만 (다른 사람을) 허물할 수가 없다.

 대과(大過)는 '너무 지나치다, 과도하다'는 뜻으로 정도를 넘어섰다는 의미이다. 속은 비어있되 부푼 풍선처럼 겉보기에는 화려하고 좋아도 실속에 비하면 겉모양이 지나치게 아름답다. 말이 지나치고 행동이 지나치고 처사가 지나치고 낭비가 지나치는 등 모든 사물이 정상적인 궤도를 벗어나고 있다는 것이다.
 연못은 원래 나무를 윤택하게 하는 것이나, 못 물이 넘쳐 나무 위까지 차올라서 오히려 나무를 죽게 하는 것을 군자가 보고, 홀로 서되 두려워하지 않으며, 세상에서 은둔하여도 번민하지 않는다(象曰 澤滅木 大過 君子 以 獨立不懼 遯世无悶).
 대과괘를 얻은 사람은 현재 힘겨운 일에 부딪혀 쩔쩔매고 있는 상태이다. 마치 병든 말이 무거운 수레를 끌고 험한 고개를 넘는 것과 같이 누군가의 도움이 있어야지 혼자 힘으로는 도저히 해결하기 힘든 난관에 봉착하였다고 볼 수 있다. 그러므로 한걸음 물러서서 그 짐을 가볍게 하는 방법을 연구하는 것이 최선이다. 남의 도움을 청하든가, 자기 몫을 남에게 양보하여 자기 분수와 역량에 맞는 한도 내에서 운영한다면 큰 어려움이 없을 것이다.
 물질적으로 풍부하여 기쁨이 많은 때이다. 지위도 높이 승진하여 사람을 많이 거느리고 큰일을 할 때이다. 그러나 자칫 방종과 과신으로 인한 실수가 우려된다. 심사숙고한 후에 움직여라. 급히 서두르면 구설에 휘말린다.
 과유불급(過猶不及)으로 매사 지나치면 미치지 못함과 같으니 원칙을 망각하여 근본이 약해지고 결과도 충실하지 못하게 된다. 그러나 가운데가 양강(陽强)한 군자이므로 중심을 잃지 않고 나아가면 허물이 없다.

29. 중수감(重水坎)

重水坎

☞ 물구덩이에 거듭 빠진다, 거듭 험한 데 빠짐, 거듭 험난함, 곤경, 다난(多難), 어려움 봉착, 어려움 감내

習坎 有孚 維心亨 行 有尙 습감 유부 유심형 행 유상
습감(거듭 험난)해도 (굳센 구이·구오가 得中하여) 믿음이 있어서 오로지 마음이 형통하므로 나아가서 일을 행하면 (공이 있게 되니) 숭상함(높임·우러름)을 받는다.

초육) **習坎 入于坎窞 凶** 습감 입우감담 흉
습감(거듭 험난함)이라 험한 구덩이에 들어가는 것이 흉하다.

구이) **坎 有險 求 小得** 감 유험 구 소득
감(물구덩이)이라 험한 것이 있으니(굳세고 得中도 했으나 아래위로 모두 험한 데 빠져 있으므로) 구하여도 조금만 얻는다.

육삼) **來之坎坎 險且枕 入于坎窞 勿用**
　　　내지감감 험차침 입우감담 물용
오고 가는데 구덩이에 또 구덩이이니 험한 것을 또 베개[육사] 삼아 험한 구덩이에 들어가니 쓰지 말아야 한다.

육사) **樽酒 簋貳 用缶 納約自牖 終无咎**
　　　준주 궤이 용부 납약자유 종무구
한 동이의 술과 두 그릇의 안주를 질그릇에 담아서 (구오 임금에게) 바치되 (큰문이 아니고) 작은 창문으로 검소하게 하면 마침내 허물이 없다.

구오) **坎不盈 祗旣平 无咎** 감불영 지기평 무구
(굳센 재질로 中正의 덕도 얻고 임금의 자리에 있어 험난함을 구제할 수는 있으나, 아래로 剛明한 신하의 도움이 없어서) 구덩이가 (아직) 가득 차지

못했으니 (상육까지 차게 하여) 평평한 데 이르게 되면 허물이 없다.

상육) **係用徽纆 寘于叢棘 三歲 不得 凶**
　　　　계용휘묵 치우총극 삼세 불득 흉
(유약한 음이 험한 괘의 끝에 있으므로) 노끈을 사용해 꽁꽁 묶어서 가시넝쿨에 가두어 3년이 지나도록 사면을 받지 못하니 흉하다.

　감(坎)은 '구덩이·함정'으로서 '구덩이에 빠지다, 함정에 빠지다'의 뜻이며, 습감(習坎)이라고도 하는데 습(習)이란 '거듭'이란 뜻이니 '거듭 구덩이에 빠진다'는 의미이다. 천신만고 끝에 깊은 물에서 빠져나왔으나 또 물을 만나 극심한 고난에 처한 형상으로 사대난괘[四大難卦: 수뢰둔(屯)·중수감(坎)·수산건(蹇)·택수곤(困)]의 하나이다.
　상(象)에 이르기를, 물이 거듭 이르는 것을 습감이라 하니, 군자는 이를 본받아 끊이지 않는 것을 보고서는 쉬지 않는 덕으로 행하고, 사람들을 교화하는 일에 힘쓴다(象曰 水洊至 習坎 君子 以 常德行 習敎事).
　현재 거듭된 어려움에 처해 있다. 아직 아무런 일이 없다고 할지라도 앞으로 신변에 위험이 다가오고 있다는 점을 명심하고, 이에 대비하여 횡액을 면할 수 있도록 각별한 주의를 기울여야 한다.
　조그만 잘못만 저질러도 무마되지 않고 오히려 확대되어 문제가 생기거나, 남의 함정에 빠져 헤어나지 못하거나, 괜한 일에 휘말려 본의 아니게 손실을 크게 보는 수가 있다. 지금 최악의 불운에 봉착했다면 궁즉통(窮則通)으로 우연히 귀인의 도움을 받아 고난에서 벗어날 뿐 아니라 점차 쇠약한 운에서 왕성한 운으로 나아갈 것이다.
　나아가나 물러가나 모두 힘들고 사방팔방에 어려움이 널렸으니 마치 물에 빠진 것 같이 어려운 때다. 그러나 구이(九二)와 구오(九五)가 득중(得中)했으니 믿음과 희망을 갖고 굳세게 험한 것을 이겨낸다. 호괘가 산뢰이(山雷頤)가 되어 물이 만물을 기르는 뜻이 되니, 자신은 비록 험난함에 빠져 있더라도 주변이 잘 되는 것을 위안으로 삼는다.

물이 낮은 곳으로 흐르듯 자신도 겸양하는 마음으로 한걸음 뒤로 물러나 굳게 도리(道理)를 지킨다. 새로운 사업이나 확장은 금물이다. 학문이나 종교·수양에 마음을 두며 주색(酒色)을 삼가야 한다. 믿음이 있어서 오직 마음이 형통하리니, 물이 쉬지 않고 흐르듯이 한결같은 정성으로 행하면 마침내 이룸의 공이 있게 되어 숭상함이 있으리라.

◆ 천안함 피격 사건과 중수감(重水坎)

천안함 피격 사건은 2010년 3월 26일에 백령도 인근 해상에서 대한민국 해군의 초계함인 천안함이 북한 잠수함의 어뢰에 의해서 격침된 사건이다. 이 사건으로 대한민국 해군 장병 40명이 사망했으며 6명이 실종되었다.

☞ 천안함 피격 사건이 뉴스에 보도되었으나 그 상황을 도무지 알 수 없을 때 괘를 뽑았는데 중수감이 나왔다. 감은 함정에 빠진다는 뜻이며 극심한 고난에 처한 형상이고 물구덩이가 두 개라는 의미이다. 나중에 보니 천안함은 두 동강이 나서 발견되었고 많은 승조원이 불행을 당하였다.

30. 중화리(重火離)

☞ 해와 달이 하늘에서 밝게 빛난다, 광명(光明), 정열, 불이 거듭되다, 거듭된 밝음, 밤낮이 끊임없이 순환, 하늘에 떠 있다

重火離

離 利貞 亨 畜牝牛 吉 리 이정 형 휵빈우 길
리는 바르게 함이 이롭고 형통하니 암소(육이·육오의 유순함)를 기르면(온순하게 하면) 길하다.

초구) **履 錯然 敬之 无咎** 리 착연 경지 무구
발걸음이 섞이지만(구사와 육이 사이에서 갈등하지만) 그것(陰인 육이)을 공경하면 허물이 없다.

육이) **黃離 元吉** 황리 원길
(유순하고 中正한 덕으로 유순한 육오 임금과 함께 中道로써 같이 밝히는) 누런(중도의) 리이니 크게 길하다.

구삼) **日昃之離 不鼓缶而歌 則大耋之嗟 凶**
일측지리 불고부이가 즉대질지차 흉
해가 기울어지는 리이니 질장구를 두드리고 노래하지 않으면[고무진작(鼓舞振作)하면서 후천을 맞이할 준비를 하지 않으면] 큰 늙은이(크게 기울어지는 때)의 슬픔이니 흉하다.

구사) **突如其來如 焚如 死如 棄如** 돌여기래여 분여 사여 기여
(구사는 陽으로 炎上하는 성질의 위에 있어 조급히 움직이니) 갑자기 오는 것이라 불타고 죽으며 버려진다.

육오) **出涕沱若 戚嗟若 吉** 출체타약 척차약 길
(유순한 임금 자리에 있으면서 中을 얻었고 文明한 덕이 있으나 아래로

剛明한 신하들의 도움은 없고 오히려 구사가 핍박을 하니 나라의 안녕을 걱정하여) 눈물이 나는 것이 물 흐르는 듯하며 슬퍼서 탄식하는 것과 같으니 길하다.

상구) **王用出征 有嘉 折首 獲匪其醜 无咎**
         왕용출정 유가 절수 획비기추 무구

(剛明한 재질로 밝은 괘의 끝에 있으니) 왕(육오)을 도와서 (구사를) 정벌하러 나가면 아름다움이 있을 것이니, 머리(구사)는 자르되 (현명한 덕으로 판단하여) 그 밑의 무리는 잡지 않으면(용서해주면) 허물이 없다.

   리(離)는 '밝다, 빛나다, 현명하다, 이어지다, (하늘에) 떠 있다'의 뜻으로 태양에 비유되고 광명·정열·왕성(旺盛)함을 상징한다. 상(象)에 이르기를, 밝은 것 둘이 리를 지었으니, 대인은 이로써 밝은 것을 이어서 사방에 고루 비추게 한다(象曰 明兩作離 大人 以 繼明 照于四方).
   해와 달이 하늘에 떠올라 빛을 발하는 광명한 천지이다. 군자는 이런 때에 세상 사람들에게 밝음을 준다. 호괘(互卦)로 택풍대과(澤風大過)가 되니 불이 훨훨 탄다. 종교와 예능에 적합하니 정신적인 면에 늘 밝음을 갖고 처신하면 형통해진다. 급변하는 상황에 대처할 줄 몰라 허둥댄다.
   불은 일상생활에 꼭 필요하지만 때로는 큰 재앙을 일으키듯이 변화가 많은 운이다. 자신의 영리함과 여건의 화려함만 믿고 일을 무리하게 강행하면 손실이 우려된다. 문서로 인한 문제나 소송에 관련되어 구속되는 일을 조심해야 한다.
   태양은 천하에 빛과 열을 고루 주어 만물을 생장하도록 하는 능력을 갖고 있다. 그러므로 태양은 만물을 낳고 기르는 어버이가 된다. 리(離)괘를 얻으면 인류의 빛이 되고, 은덕을 베푸는 일에 종사하는 사람이라면 가장 대길한 것으로서, 그 업적과 명성이 천하를 진동하게 된다.
   중용의 도를 지키면서 항상 온화한 태도로 사람들을 포용하면서 개인적인 이익보다는 공익적인 일에 전념해야 한다. 불은 급히 타오르는 성정이 있으니 경솔하게 처신하지 않도록 유의해야 한다.

31. 택산함(澤山咸)

☞ 산 위의 연못, 젊은 남녀의 교감, 사랑의 감정, 연애, 음양의 조화, 마른 땅에 비가 내림, 윤택

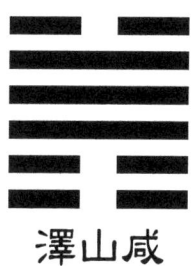

咸 亨 利貞 取女 吉 함 형 이정 취녀 길
(젊은 남녀가 서로 감정을 느끼는) 함은 형통하니 (문란하지 않도록) 바르게 하는 것이 이로우며 (육이와 구오가 서로 中正으로 응하니) 여자를 취하면 길하다.

초육) **咸其拇** 함기무
[정응(正應)인 구사와 교감하고자 하나 교감하는 괘의 처음에 있으니 아직 그 느낌이 미미하므로] 엄지발가락에만 느낌이 있는 것과 같다.

육이) **咸其腓 凶 居吉** 함기비 흉 거길
(발을 따라 움직이는) 장딴지를 느끼면(먼저 조급하게 움직이면) 흉하므로 (정응인 구오가 움직이는 것을) 기다려야 (순응해서) 길하다.

구삼) **咸其股 執其隨 往吝** 함기고 집기수 왕인
(하괘의 맨 위에 있으므로) 허벅지를 느끼는 것인데, 그 따르는 것(초육·육이)에 집착하여 좇아가면 인색하다(안타깝다).

구사) **貞吉 悔亡 憧憧往來 朋從爾思** 정길 회망 동동왕래 붕종이사
(비록 대신의 자리에 있지만 바른 자리를 얻지 못했으므로 마음을 비우고 모든 것을 두루 느껴) 바르게 하면 길하여 후회가 없지만 (사사로움에 매여 정응인 초육하고만 친하여) 자주 왕래하면 벗(초육)만이 너의 뜻을 따른다(그래서 光大하지 못하게 된다).

구오) **咸其脢 无悔** 함기매 무회
(中正한 덕을 가진 임금이 역시 중정한 육이와 서로 응하고, 相比한 상육에 매이지 않고서 모든 신경을 관장하는) 등줄기를 느끼므로 후회가 없다.

상육) **咸其輔頰舌** 함기보협설
(음유하면서 교감하는 괘의 맨 위에 있고, 극에 이르러 같이 교감할 실질이 없으므로) 볼과 뺨과 혀로만 느낀다.

  함(咸)은 교감(交感), 즉 '사귀어 느끼다, 사랑의 감정'과 뜻이 통하는데, 사람에 비유하면 젊은 남자와 여자가 서로에게 사랑을 느끼는 모습과 같다. 남녀가 서로 만나고 연애를 하는 괘이다. 남녀뿐 아니라 정치·경제·교육 등 모든 문제에서 서로가 자신이 먼저 마음을 비우고[虛心] 상대를 대하여야 한다.
  산은 물을 막아 못을 이루고, 못은 산으로 인해 커진 빈 공간에 물을 받아들여 만물을 더욱 윤택하게 한다. 이러한 상을 보고 군자는 사사로운 마음을 비우고 더불어 하는 마음으로 백성을 포용하는 것이다.
  상(象)에 이르기를 산 위에 연못이 있음이 함이니 군자는 이를 본받아 자신을 비움으로써 사람을 받아들인다(象曰 山上有澤 咸 君子 以 虛受人).
  못은 물이다. 물은 스며드는 성질이 있고, 땅은 그 스며드는 물을 물리치지 않고 잘 받아들였다가 만물에 수분을 공급한다. 따라서 못이 산 위에 있으면 땅이 자연히 수분을 받아들여 좋은 땅이 되는 것이다. 하늘과 땅이 교감하면 만물이 느껴서 생겨 살아나고, 성인께서 사람들의 마음을 선량하게 감화시키면 온 천하가 화평(和平)해진다.
  함괘를 얻은 사람은 감상(感傷)에 사로잡혀 있다. 사업가나 교육가라면 세상의 흐름과 움직임을 전반적으로 민감하게 느껴 이를 적절히 활용함으로써 크게 발전한다. 그러나 사춘기의 남녀라면 너무 감상에 젖어 오히려 현실을 직시하지 못할 우려가 있으니 조심해야 한다. 음양이 자연의 순리대로 서로 화합하는 때이다.

32. 뇌풍항(雷風恒)

☞ 성인 남녀가 합심, 부부(夫婦), 혼인, 항상(恒常), 한결같음, 지속, 불변, 항구(恒久)

恒 亨 无咎 利貞 利有攸往 항 형 무구 이정 이유유왕
(성인 남자가 밖에 있고 성인 여자가 안에 있어 음양이 순조롭게 서로 화합하므로) 항은 형통해서 허물이 없고, [여섯 효가 모두 정응(正應)하므로] 바르게 해서 이로우니, 나아가는 바를 두는(사회로 나아가 자기의 뜻을 펼치며 일을 하는) 것이 이롭다.

초육) **浚恒 貞凶 无攸利** 준항 정흉 무유리
(정응인 구사가 혼인해주기를 간절히 바라며 기다리고 있으니) 깊게 하는 한결같음이지만 (구이와 구삼이 가로막고 있어서 구사에게) 집착하면 흉하고 이로운 것이 없다.

구이) **悔亡** 회망
(양이 음자리에 있어 不正하나 中을 얻었고 육오가 정응하여 응원하므로) 후회가 없어진다.

구삼) **不恒其德 或承之羞 貞吝** 불항기덕 혹승지수 정인
(양이 양자리에 있어 지나치게 강건하여) 그 덕이 한결같지 않으므로 자칫하면 수치(부끄러움)로 이어질 것이니 고집하면(계속 나아가면) 인색하다.

구사) **田无禽** 전무금
사냥하려는데 (잡을) 새가 없다. (양이 음자리에 있어 바른 자리가 아니므로 오래 있어도 이룰 것이 없으니 쓸데없이 애쓰는 것과 같다)

육오) **恒其德 貞 婦人吉 夫子凶** 항기덕 정 부인길 부자흉

(음유한 자질이지만 양강한 구이와 정응하고 中의 덕을 얻었으니 순종하는) 그 덕이 한결같으면 바르니 부인은 길하고, 남편은 (순종하는 부인의 도를 좇으면 오히려) 흉하다.

상육) **振恒 凶** 진항 흉
(항괘의 끝에 있으면서 움직이는 괘의 맨 위에 있으니 분수를 지키지 못하고 정응인 구삼한테 조급하게 움직이므로) 한결같은 덕이 흔들리니 흉하다.

항(恒)은 '한결같다, 항상 그러하다'는 뜻인데 좋은 일이 오랫동안 계속된다고 함이다. 상(象)에 이르기를, 우레와 바람이 항이니, 군자는 이로써 중정(中正)의 도(道)를 세워서 이치의 일정한 기틀을 바꾸지 않는 것이다 (象曰 雷風 恒 君子 以 立不易方).

항은 장년의 남자가 장년의 여자의 위에 있는 것으로 부부가 집에 있을 때의 상도(常道)이다. 항은 항상 같이 머물고 거처한다는 것이 아니라 뜻이 항구(恒久)하고 한결같다는 것이다.

변함없는 상태가 오래 지속되면 권태가 생겨 달리 바꿔보고 싶은 충동이 일어날 수 있다. 그러나 항괘가 뜻하는 교훈은 어떤 일이 한결같다는 것뿐만 아니라 한결같이 나아가야 한다는 것이 강조됨이니 절대 딴 마음을 두어서는 안 된다. 그러므로 현재의 상태가 지루하게 느껴져 새로운 일을 시도해보려 하겠으나 만일 그렇게 한다면 나쁜 결과가 발생하여 크게 후회한다.

장녀가 집안을 맡고 장남이 바깥일을 맡아 행하니 항구한 뜻이 있다. 장성한 남녀가 부부가 되어 가정을 이루고 백년을 설계한다. 중간에 변하지 않고 항구성을 갖는다.

항구한 마음은 매사에 통하고 바르게 되며, 일관성 있게 일을 추진해 나간다. 송죽(松竹)과 같은 굳은 의지가 있다. 그래서 군자는 이 괘를 보고 자기가 서 있는 곳(처소, 현재 처한 환경)을 바꾸지 말라(立不易方)고 했다. 바르게 하는 도로써 나아간다면 이롭다.

33. 천산돈(天山遯)

☞ 처음은 곤란하나 나중은 평안, 2보 전진을 위한 1보 후퇴, 전술적 퇴각, 잠시 물러남, 잠시 피함, 36계(일단 달아났다가 후일을 도모하라)

遯 亨 小利貞 돈 형 소리정
[아래의 두 음(소인)이 점점 자라나 득세를 함에 따라 위의 네 양(군자)이 피하여 점차 물러나는 것은 시국이 그러한 것이지 군자가 도(道)를 굽히는 것은 아니므로] 돈은 형통하며 (군자가 잠시 물러나서 소인을 멀리하고) 조금 바르게 하는 것이 이롭다.

초육) **遯尾 厲 勿用有攸往** 돈미 려 물용유유왕
(유약한 음으로서 맨 아래에 있으니 그 힘이 미미해서 아직 물러나지 못하여) 물러남의 꼬리이므로 위태로우니 나아가지 말아야 한다(일을 만들지 말고 제자리에 그쳐 머물러 있어야 한다).

육이) **執之用黃牛之革 莫之勝說** 집지용황우지혁 막지승설
[중정(中正)한 덕을 얻고서 정응(正應)하는 관계인 구오와 중정한 덕으로써 서로 사귀는 것이] 누런 소(황소)의 가죽을 사용하는 것처럼 (그 의지가) 견고하여서 (그 단단함을) 말로 다할 수가 없다.

구삼) **係遯 有疾 厲 畜臣妾 吉** 계돈 유질 려 흉신첩 길
[정은 얻었으나 위로 응원해주는 정응이 없으니 아래로 상비(相比)하는 육이와 사사롭게 매여 있으므로] 매여 있는 물러남이라 병이 있어 위태로우나 (아랫사람인) 신하나 첩을 돌보는 사소한(작은) 일에는 길하다.

구사) **好遯 君子吉 小人否** 호돈 군자길 소인비
(초육과 정응이 되어) 좋아도 (사사로운 정을 끊고) 물러남이니 군자는 길하고 소인은 꽉 막힌다.

구오) **嘉遯 貞吉** 가돈 정길
[中正한 덕을 갖추고서 아래로 육이와 정응이 되며, 때에 맞춰 올바른 정사(政事)를 행하고 그치며 물러나므로] 아름답게 물러남이니 (그 뜻과 행실을) 바르게 해서 길하다.

상구) **肥遯 无不利** 비돈 무불리
(강건한 양으로 물러나는 괘의 끝에 있고, 아래로 사사롭게 매이는 것이 없으니 심신이 평안해져) 살이 쪄서 물러남이니 이롭지 않은 것이 없다.

 돈(遯)을 일반적으로 돼지(豚)로 보지만 '피한다, 도망치다'라는 뜻으로 해석한다. 상(象)에 이르기를 하늘 아래 산이 있는 것이 돈이니, 군자가 이로써 소인을 멀리하되 미워하지 아니하고 부드러우면서도 엄하게 대하는 것이다(象曰 天下有山 遯 君子 以 遠小人 不惡而嚴).
 돈괘를 얻은 사람은 현재 사면초가(四面楚歌)로 진퇴양난(進退兩難)의 곤경에 처해 있다. 아무리 올바른 일을 해도 공로(功勞)가 없고 알아주는 이가 없다. 그러므로 아무것도 손대지 말고 한걸음 물러서서 조용히 때를 기다리는 것이 최선이다. 비록 현재는 곤란을 겪으나 선궁후달(先窮後達)의 징조가 있는 괘이니 참고 견디며 다시 때를 기다리는 것만이 최선이다.
 돈은 음(陰)이 점점 올라옴에 양(陽)이 물러나는 때이므로 현명한 군자가 무지(無知)한 척하며 스스로 물러나는 때이다. 위의 하늘은 군자(君子)로서 사심 없이 움직이고 아래의 산은 소인(小人)으로서 자리에 집착한다. 어지러운 세상은 피해 가야 하는 때이므로 소인을 멀리하고 스스로 피해 가는 것이 현명하다.

정당한 의견이나 희망이 받아들여지지 않는 때로 쇠퇴하는 운이다. 따라서 이별하거나 실패·파산하는 등 불의의 재난이 많은 시기이므로 체면에도 불구하고 일시적으로 피함이 훗날 재기(再起)를 위한 지혜이다.

돈은 아래의 두 음이 점차 자라나 득세함에 따라 위의 네 양이 사라지는 때이다. 군자가 피하여 물러나는 것은 때가 그러한 것이지, 군자의 도(道)를 굽히는 것은 아니니 도는 여전히 형통한 것이다. 소인[음]이 점점 자라나는[漸長] 것은 때가 그러하므로 크게 막을 수는 없지만 그래도 조금씩 막아 시간을 늦추는 것은 가능하니 물러나는 그 뜻과 행실을 조금이라도 바르게 하는 것이 이롭다.

34. 뇌천대장(雷天大壯)

☞ 소리만 요란하고 실상은 없다, 속빈 강정, 실속 없다, 매우 굳세고 장대(壯大), 매우 씩씩함

大壯 利貞 대장 이정
대장은 (비록 양이 점점 커지고 있으나 아직 음이 육오 임금의 자리에 있으므로) 바르게 하는 것이 이롭다.

초구) **壯于趾 征凶 有孚** 장우지 정흉 유부
(맨 아래의) 발꿈치에 씩씩함이니 나아가면 흉함이 분명하다.

구이) **貞吉** 정길
[中의 덕을 얻었고 육오 임금과 응(應)하므로] 바르게 해서 길하다.

구삼) **小人用壯 君子用罔 貞厲 羝羊觸藩 羸其角**
　　　소인용장 군자용망 정려 저양촉번 이기각
소인은 (자신의 강함만을 믿고) 그 씩씩함을 쓰고 군자는 그물(지혜)을 쓰니, 곧게 하면(고집을 부리면) 위태하니 숫양(소인)이 울타리를 들이받아 그 뿔이 걸린다(뿔이 울타리에 걸려서 꼼짝 못하니 위태롭다).
* 군자는 소인이 돌진하는 것을 힘으로 막지 않고 그 성질을 지혜롭게 이용하여 소인 스스로 바르게 하도록 한다.

구사) **貞吉 悔亡 藩決不羸 壯于大輿之輹**
　　　정길 회망 번결불리 장우대여지복
바르게 하면 길해서 후회가 없으니 울타리가 터져서 걸리지 않으며 큰 수레바퀴가 굳세고 튼튼하다.

육오) **喪羊于易 无悔** 상양우이 무회
씩씩한 양(羊)들을 쉬운 방법으로 (그 힘을) 잃게 하면 후회가 없다.

* 유약한 임금이 밑의 네 양(羊)이 무리지어 올라오는 것을 힘으로 감당하려고 하면 이기지 못할 뿐만 아니라 후회만 남으니, 양은 앞으로만 달려드는 성질이 있으니 이를 이용하여 앞에서 막지 말고 뒤에서 몰면 양의 강한 성질을 쉽게 다스릴 수 있다.

상육) 羝羊 觸藩 不能退 不能遂 无攸利 艱則吉
　　　 저양 촉번 불능퇴 불능수 무유리 간즉길

[씩씩함의 극에 이르렀으나 스스로 물러나지 않고] 숫양이 울타리를 들이받아서 물러나지도 못하고 나아가지도 못해서 이로운 바가 없으니, 어렵게 하면(씩씩함을 쓰지 않고 본래의 유순함으로 돌아오면) 길하다.

　대장(大壯)은 '장대하다, 성대하다'로, 이는 표면적인 뜻일 뿐 겉은 왕성하고 성대하게 보여도 속 알맹이가 없다는 것을 의미한다. 즉 소리만 요란할 뿐 실속은 별로 없다는 뜻이다.
　상(象)에 이르기를, 우레가 하늘 위에 있는 것이 대장이니, 군자가 이로써 예의(禮誼)가 아닌 일은 행하지 아니하며 사람들에게도 그렇게 가르친다(象曰 雷在天上 大壯 君子 以 非禮弗履). 양의 기운이 떨쳐 일어나는 때이나, 군자는 예(禮)가 아닌 것은 하지 않고 정대(正大)하게 나아간다.
　남 보기에는 매우 좋다. 경영하는 사업의 규모도 그럴 듯하고 직장에서의 지위도 훌륭해 보인다. 그러나 사업은 실속이 적고, 직장은 허울만 좋을 뿐이지 실권이 없다. 그러나 쇠약한 운은 아니고 왕성한 운이다. 겉보기보다 실속이 적다는 것뿐이지 지금부터 박차를 가하면 상당히 진척되고 발전된다. 특히 명성을 떨치려는 데는 더할 나위 없이 좋다.
　하늘 위에 우레가 치고, 네 양(陽·羊)이 성장하여 강하게 움직이니 대장이다. 시끄러운 마찰음이 많이 나는 때이다. 그러므로 대장의 힘이 있더라도 자중하고 바르게 행해야 한다. 운세가 지나치게 강하여 파국으로 치달을 수도 있다.
　더 나아가면 쾌(夬, ☱)괘의 막다른 결단이 따르고, 한 걸음 물러나면 태(泰, ☷)괘의 태평함이 된다는 것을 명심하여 일 처리해야 한다. 바르게 하는 것이 이롭고, 올바른 예의가 아니면 행하지 않는다(비례불리 非禮弗履).

35. 화지진(火地晉)

☞ 태양이 지평선 위로 떠올라 땅을 비춤, 태평(泰平), 전쟁터로 나아가는 장엄한 기상, 순풍에 돛단배, 전진, 진척, 충진(衝進)

晉 康侯 用錫馬蕃庶 晝日三接 진 강후 용석마번서 주일삼접
진나라는 백성을 평안히 잘 다스리는 제후에게 말을 하사하는 것을 여러 번 하고 하루에 세 번 대접을 한다.

초육) **晉如摧如 貞吉, 罔孚 裕无咎** 진여최여 정길, 망부 유무구
나아가거나 물러남에 바르게 하면 길하고, 믿음이 없더라도 여유있게 하면 허물이 없다.

육이) **晉如愁如 貞吉, 受玆介福于其王母**
　　　 진여수여 정길, 수자개복우기왕모
나아가는 것이 근심스러우나 바르게 하면 길하니, 큰 복을 왕모(할머니, 육오)로부터 받는다.

육삼) **衆允 悔亡** 중윤 회망
무리(초육·육이)가 믿고 따르니 후회가 없어진다.

구사) **晉如 鼫鼠 貞厲** 진여 석서 정려
나아가는 것이 (곡식을 갉아먹는) 큰 쥐이니 (양이 음자리에 있어 바른 자리가 아닌데도) 자리에 연연하면 위태롭다.

육오) **悔亡 失得 勿恤 往吉 无不利** 회망 실득 물휼 왕길 무불리
후회가 없을 것이니 잃고 얻음을 근심하지 말고 나아가면 길하여 이롭지

않음이 없다.

상구) **晉其角 維用伐邑 厲吉 无咎 貞吝**
　　　　진기각 유용벌읍 려길 무구 정린

(양이 나아가는 괘의 끝에 있어) 그 뿔에 나아감이니 오직 읍(사사로움)을 없애는 데 쓰면 위태로우나 길하며 허물이 없고 (계속 나아가는 것을) 고집하면 인색하다.

　진(晉)은 진(進)과 같은 뜻으로 통하니 '전진하다, 앞으로 나아가다'는 뜻이다. 용맹스런 장수가 사기충천한 군사를 이끌고 전쟁터로 나아가는 장엄한 기상이 있다.
　상(象)에 이르기를, 밝은 것이 땅 위에 나온 것이 진이니, 군자가 이로써 스스로 밝고 어진 덕을 온 세상에 베풀어 나간다(象曰 明出地上 晉 君子 以 自昭明德).
　밝은 태양이 땅 위로 나오는 것이니 밝은 빛이 크게 성장한다. 바야흐로 마음 놓고 활동할 수 있는 때가 왔다. 사업은 번성하고 사회적 지위가 올라가고 승진이 있을 것이다. 너무 좋기 때문에 자칫 자만에 빠지거나 주위의 시기와 질투를 살 우려가 있으니, 이 점에만 유의한다면 순풍에 돛을 달고 항해하는 배와 같이 순조롭다.
　밝은 해[日]가 지평선 위로 떠올라 땅을 비추니 나라가 태평하고 가정이 평화롭다. 관직에 있는 자는 융숭한 포상을 받고, 학문을 하는 자는 많은 지식을 쌓는다. 날이 새고 해가 뜨니 문밖을 나가 활동하여 많은 소득이 있다. 입신출세하는 점이요, 태평을 구가하는 괘다.
　괘사에서 "진은 나라를 잘 다스리는 제후에게 상[馬] 주는 것을 자주 하고, 하룻날에 세 번 만나보도다."라고 했다. 태평한 시기에 위로 크게 밝은 천자가 아래로 백성을 잘 다스리는 제후에게 상을 주며 격려해주는 모습이다.

36. 지화명이(地火明夷)

☞ 태양이 땅 아래로 짐, 암흑, 쇠퇴, 밝음이 상함,
때를 얻지 못한 현자(賢者)

明夷 利艱貞 명이 이간정
명이는 어려운 처지에서도 바르게 함이 이롭다.

초구) **明夷于飛 垂其翼, 君子于行 三日不食, 有攸往 主人有言**
　　　명이우비 수기익 군자우행 삼일불식 유유왕 주인유언
명이가 나는데(밝음이 상하는 때 군자가 관직에 나아가나) 그 날개를 드리우고[다시 돌아와 안빈낙도(安貧樂道)하고], 군자가 (관직을 버리고) 가는데 3일간을 먹지 않으니, 가는 바를 둠에 주인[육사]의 말이 있다.

육이) **明夷 夷于左股, 用拯馬 壯吉** 명이 이우좌고 용증마 장길
명이의 때에 왼쪽 허벅지를 상하니, 구조할 때 쓰는 말이 건강하면 길하다.

구삼) **明夷于南狩 得其大首 不可疾貞** 명이우남수 득기대수 불가질정
명이의 때에 남쪽으로 사냥을 가서 큰 머리[상육]를 얻으니 빨리 바르게 할 수 없다.

육사) **入于左腹 獲明夷之心 于出門庭** 입우좌복 획명이지심 우출문정
왼쪽 배에 들어가서 명이(임금)의 마음을 얻어서 문 안의 뜰로 나온다.

육오) **箕子之明夷 利貞** 기자지명이 이정
기자의 명이(밝음을 상하게 함)이니 바르게 함이 이롭다.

상육) **不明 晦 初登于天 後入于地** 불명 회 초등우천 후입우지
밝지 않아서 어두우니 처음에는 하늘에 오르고 나중에는 땅에 들어간다.

　명이(明夷)는 '태양이 땅 아래로 지다, 밝은 빛이 어둠 속에 감춰지다, 밝음이 상하다'는 뜻이다. 아무리 밝은 태양 빛이라도 땅 밑에 있으면 세상은 어둡기 마련이다.
　상(象)에 이르기를, 밝은 것이 땅속으로 들어간 것이 명이이니, 군자는 이런 상을 보고서 백성을 다스림에 너무 밝게 살펴서 잘못하는 것을 다 드러내기보다는 안으로 살피되 밖으로는 어수룩하게 해서 그 화합하는 관용의 도로 백성을 다스리는 것이다(象曰 明入地中 明夷 君子 以 莅衆 用晦而明).
　광명에서 암흑으로 접어들고 있음을 암시한다. 즉 성운에서 쇠운으로 기울고 있다. 현재 모든 여건이 불리하게 돌아가고 있다. 정의로운 일을 해도 인정받지 못하고 오히려 소인배에게 시기와 모함을 받는다.
　바보처럼 져주고 이익을 양보하여 되도록 자신을 내세우지 않아야 한다. 하던 일도 규모를 줄이고 내일의 도약을 위해 묵묵히 실력배양에만 전념하면 별 어려움 없이 난국을 극복할 수 있다.
　명이는 해가 땅으로 들어가 밝음이 사라진다는 뜻이다. 땅 아래로 해와 달이 빛을 잃으니 세상은 암담하고 가정은 불안하다. 밝은 것이 땅속으로 들어가 상하는 흉운이다. 재물이 있으면 재물로 인해 재난이 따르고, 남보다 지혜가 많으나 동료가 이를 질투·시기한다. 내용을 모르고 외관만으로 일을 분별하다가는 실패를 초래한다.
　자신의 재물이나 지혜를 남모르게 잘 감추어 두는 것이 재난을 막는 길이다. 그러므로 군자는 이런 때에 겉으로는 어리석은 체하며 안으로 진리를 밝혀 나아가 어려움을 극복한다. 그래서 괘사에 "명이는 어렵게 하고 바르게 함이 이로우니라."라고 하였다.

37. 풍화가인(風火家人)

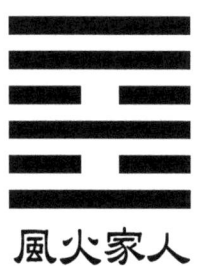

☞ 바람을 타고 불이 일어남, 장녀가 가정을 이끌고 차녀가 응하여 가사를 도움, 여자가 집안일을 바르게 함, 아내의 도(道)

家人 利女貞 가인 이여정
가인은 여자가 바르게 함이 이롭다.

초구) **閑有家 悔亡** 한유가 회망
(아직 어리므로) 집에서 가도(家道)를 익히면 후회가 없다.

육이) **无攸遂 在中饋 貞吉** 무유수 재중궤 정길
(중정한 며느리가 구오 지아비와 구삼 시어머니의 뜻을 공손히 따르지만 아직) 이루는 바가 없고 '봉제사(奉祭祀) 접빈객(接賓客)'에 충실하면 바르고 길하다.

구삼) **家人嗃嗃 悔厲 吉, 婦子嘻嘻 終吝**
　　　　가인학학 회려 길, 부자희희 종린
가인(시어머니)이 너무 엄하게 하여 후회는 있으나 길하지만, 며느리가 희희덕거리면 마침내 인색하다.

육사) **富家 大吉** 부가 대길
(장녀가 가사에 힘써) 집을 부유하게 하니 크게 길하다.

구오) **王假有家 勿恤 吉** 왕격유가 물휼 길
(중정한 덕을 갖춘) 왕(지아비)이 (아내와 함께) 가도(家道)를 지극히 세우니 근심이 없고 길하다.

상구) **有孚 威如 終吉** 유부 위여 종길
(시아버지가) 믿음이 있고 위엄있게 하면 마침내 길하다.

　가인(家人)은 '집사람·아내'라는 뜻이며 가정·가족도 의미한다. 그러므로 외부의 일보다는 가정사에 관계된다.
　상(象)에 이르기를, 바람이 불로부터 일어나는 것이 가인이니, 군자는 이로써 세상 풍속이 집안으로부터 나오고 집안 풍속은 자신으로부터 나오는 것을 깨달아 말을 하면 반드시 지키고 행동을 함에는 항상 법도에 맞게 한다(象曰 風自火出 家人 君子 以 言有物而行有恒).
　가인괘를 얻으면 외부의 일보다 내부, 즉 가정사에 신경을 써야 한다. 가족과의 화목, 가정의 재산관리, 형제자매, 자녀들의 진로 문제 등을 생각해보거나 현재 그런 문제에 당면하고 있다. 집이나 내부에서 하는 일은 좋지만 밖에서 하는 일은 좋지 않다. 그러므로 아직 활발하게 움직이지 말고 가정을 돌보는 데 신경을 써야 한다.
　밖으로부터 들어와 집안을 밝히며 가지런히 한다는 뜻이다. 밖의 손목(巽木, 장녀)이 안의 리화(離火, 차녀)와 응하여 생해주고 안을 밝히니 가정이 평안하다.
　음효 양효가 각기 득위 득중하니 남녀가 각기 제 위치와 분수를 바르게 정립하는 것이다. 그래서 괘사에서 "가인은 여자가 바르게 함이 이롭다."라고 하였다.
　대체로 길한 괘이며 주로 가정화합의 괘이다. 부부가 일심동체로 움직이면 운이 열려 번창하여 즐거움이 가득하다. 좋은 운과 화합은 여인이 안에서 바르게 가사를 돌보는 덕택이다.
　내호괘가 감수(坎水)로서 험하므로 친한 사이끼리 다투고 애정 문제를 일으키기 쉽다. 새로운 사업보다는 구업을 지키며, 앞장서 하기보다는 뒤에서 잘 따르면 화합을 우선으로 해야 한다.

38. 화택규(火澤睽)

火澤睽

☞ (밖의 불은 위로 타오르고, 안의 못물은 아래로 고여) 서로 어긋남, 다툼, 불화, 반목, 대립, 호랑이가 함정에 빠지다.

睽 小事吉 규 소사길
규는 작은 일이 길하다.

초구) **悔亡 喪馬 勿逐 自復 見惡人 无咎**
　　　회망 상마 물축 자복 견악인 무구
후회가 없어지니 말을 잃고 쫓지 않아도 스스로 회복하니 악한 사람[육삼]을 만나면 허물이 없다.

구이) **遇主于巷 无咎** 우주우항 무구
[중(中)의 덕을 얻었고 육오와 정응(正應)이 되니] 군주(육오)를 (육삼이 가로막고 있는) 거리에서 만나면 허물이 없다.

육삼) **見輿曳 其牛掣, 其人 天且劓, 无初 有終**
　　　견여예 기우체, 기인 천차의, 무초 유종
[음이 양자리에 있어 부정(不正)하나 상구와 정응(正應)이 되어 나아가려 하지만, 구이가 아래에서 잡아당기고 구사가 위에서 가로막으니] 수레를 끌고 소를 막으며, 사람이 머리를 깎이고 코가 베이는 것을 보니, 처음은 없고 마침은 있다.

구사) **睽孤 遇元夫 交孚 厲无咎** 규고 우원부 교부 려무구
규가 [양이 음자리에 있어 부정(不正)하고 아래로 응함이 없어] 외로워서 본래 지아비(초구)를 만나 미덥게 사귀니 위태로우나 허물은 없다.

육오) **悔亡 厥宗 噬膚 往 何咎** 회망 궐종 서부 왕 하구

(구이와 응하여) 후회가 없어지니 그 어진 사람(구이)과 살갗을 씹으면(뜻을 합해서 정치를 하면) 나아감에 무슨 허물이 있으리오.

상구) 睽孤 見豕負塗 載鬼一車. 先張之弧 後說之弧 匪寇婚媾 往遇雨則吉
　　　　규고 견시부도 재귀일거. 선장지호 후탈지호 비구혼구 왕우우즉길
규가 외로워서 돼지가 진흙을 짊어진 것과 귀신을 한 수레 실은 것을 본다. 먼저는 활을 당겼다가 뒤에는 활을 벗기니 도둑이 아니라면 혼인을 하자는 것이니 나아가 비를 만나면(의심이 풀려 화합하면) 길하다.

　규(睽)는 '서로 눈을 흘긴다'로 반목(反目), 즉 불화(不和)를 뜻한다. 상(象)에 이르기를, 못 위에 불이 있는 것이 규이다. 군자는 이를 본받아 무리와 같이 해도 그 처세는 다르게 한다(象曰 上火下澤 睽 君子 以 同而異). 군자는 대동(大同)해서 해야 할 일은 소인과 같이 하되 스스로의 바름을 잃지 않는다.
　밖의 불은 올라가고, 안의 물은 내려와서 서로 교합하지 못하므로 매사에 어긋난다. 불쾌한 일이나 쟁론이 일어나며, 자신의 뜻이 꺾이는 수가 있으므로 내부 단속을 잘해야 한다. 만사가 어긋나는 처지에 있으므로 큰일을 도모해서는 안 된다.
　그러나 비록 어긋나고 낭패한 일이 많더라도 그대로 수수방관할 수만은 없다. 각자의 입장은 다르지만 하나로 더불어 할 때는 같이하고(異而同), 더불어 하되 그릇된 것은 따르지 않는(同而異) 처세를 때에 따라 잘 살펴서 해야 한다.
　규괘를 얻으면 남과 도저히 뜻을 같이 할 수 없다. 서로의 의사가 도무지 통하지 않아 협력은 고사하고 도리어 충돌이 생기기 때문이다. 그러므로 뜻을 같이해야 하는 혼인, 동업, 집단을 결성하고 회합을 갖는 일 따위에는 마땅치 않다.
　가정에서는 찬 바람이 불고, 사회적으로는 신뢰를 잃어 소외당할 우려가 있다. 그러나 작은 일에는 길하므로 큰일에만 손대지 않는다면 무난하다. 남의 비위를 건드릴만한 언행만 주의하면 큰 탈은 없다.

39. 수산건(水山蹇)

☞ 언 발로 산길을 걷다, 진퇴양난, 총체적 난국, 어려움 발생, 자신을 돌이켜 근신

蹇 利西南 不利東北, 利見大人 貞吉
건 이서남 불리동북, 이견대인 정길
건은 서남[坤方]은 이롭고 동북[艮方]은 이롭지 않으며, 대인[구오, 대인과 같은 덕과 능력을 갖춘 사람]을 보는 것이 이로우니 바르게 하면 길하다.

초육) **往蹇 來譽** 왕건 내예
(음이 양자리에 있어 부정하고 위로 응하는 것도 없으니) 나아가면 어렵고 (스스로 수양하며 때를 기다리면 큰 공로를 이룰 때가 오니) 돌아오면 명예롭다.

육이) **王臣蹇蹇 匪躬之故** 왕신건건 비궁지고
왕[구오]과 신하[육이]가 어렵고 어렵지만 (육이) 자신으로 인한 것이 아니다.

구삼) **往蹇 來反** 왕건 내반
(정응인 상육에게) 나아가면 어렵고 돌아오면 (육이·초육과 함께 구오를) 돕는다.

육사) **往蹇 來連** 왕건 내연
나아가면 어렵고 돌아오면 (구삼과) 연합한다.

구오) **大蹇 朋來** 대건 붕래
크게 어려우므로 벗[정응인 육이, 초육·구삼·육사·상육]이 (도우려) 온다.

상육) **往蹇 來碩 吉 利見大人** 왕건 내석 길 이견대인
나아가면 어렵고 돌아오면[돌아와 정응인 구삼을 구하면] 커져서 길하니 대인[구오]을 보는 것이 이롭다.

   건(蹇)은 '다리를 절다'로서 험난하고 힘겨운 일에 봉착하고 있음을 나타낸다. 저는 발로 험한 산을 넘고 깊은 물을 건너는 형상이니 모든 일이 어렵고 더디다. 사대난괘[四大難卦: 수뢰둔(屯)·중수감(坎)·수산건(蹇)·택수곤(困)]의 하나이다.
   상(象)에 이르기를, 산 위에 물이 있는 것이 건이니, 군자는 이로써 몸을 돌이켜 잘못이 있는가를 생각하고 덕을 닦는 일에 전념한다(象曰 山下有水 蹇 君子 以 反身修德).
   현재 이럴 수도 저럴 수도 없는 진퇴양난의 입장에 처해 있다. 움직이면 움직일수록 깊은 수렁에 빠져들어 갈 뿐이다. 누군가의 도움을 받아야 난관을 헤쳐 나올 수 있으나, 당장 은인(恩人)이 나타나지 않는 것이 안타깝다. 그러므로 최악의 불운이라 할 수 있다.
   그러나 누구나 한평생을 살면서 이런 액운을 겪기 마련이다. 그러므로 당황하지 말고 침착하고 냉철하게 슬기를 발휘하여 난국을 극복해 나가야 한다. 일단 하던 일을 멈추고 시세의 변화를 기다려라. 특히 자금을 투자하는 일에 손대면 중도에 그만둘 수도 없게 되니 아예 사업 경영은 생각하지도 말아야 한다.
   험하여 나아가기 어렵다. 산 높고 물 깊어 험난하다. 어려운 때를 당하여 평이한 서남방을 가듯 마음을 순탄하게 가져야 이롭고, 험준한 동북방을 가듯 난폭하면 더욱 불리해진다.
   안정된 마음으로 현명한 사람에게 어려움을 이기는 방법을 묻고, 자신을 반성하며 바르게 행동하며 무모한 짓을 삼가야 한다. 어려움이 계속해서 겹치는 운으로 이성을 잃지 않고 지혜를 모아 현상 유지를 하도록 노력해야 한다.

40. 뇌수해(雷水解)

☞ 봄바람에 눈 녹다, 해결, 해동, 해방, 해소,
운이 풀리기 시작

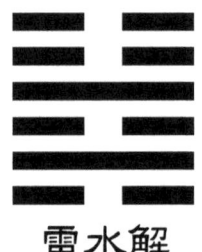

解 利西南 无所往 其來復 吉, 有攸往 夙吉
해 이서남 무소왕 기래복 길, 유유왕 숙길
해는 서남방[坤方]이 이롭고 갈[새로운 법도를 시행할] 바가 없으니 돌아와서 회복하는 것이 길하고, 나아갈 바가 있거든 빨리하면 길하다.

초육) **无咎** 무구
[음이 양자리에 있어 부정(不正)하지만 해결되는 때의 처음에 있고 구사와 정응(正應)이 되므로] 허물이 없다.

구이) **田獲三狐 得黃矢 貞吉** 전획삼호 득황시 정길
사냥하여 여우[육삼] 세 마리를 잡아서 누런[坤] 화살을 얻으니 곧고 바르게 하는 것이 길하다.

육삼) **負且乘 致寇至 貞吝** 부차승 치구지 정인
짊어지고[구사를 속이고] 또 올라타서[구이를 업신여겨서] 도둑[감(坎)]이 오는 것에 이르렀으니 바르게 하더라도 인색하다.

구사) **解而拇 朋至 斯孚** 해이무 붕지 사부
엄지발가락[초육]을 풀면 벗[구이]이 와서 믿을만하다.

육오) **君子 維有解 吉 有孚于小人** 군자 유유해 길 유부우소인
군자는 오직 해결이 있으면 길하니 소인을 대함에 믿음이 있다.

상육) 公用射隼于高墉之上 獲之 无不利
　　　 공용석준우고용지상 획지 무불리

(해괘에서 유일하게 바름을 얻고 해를 마무리하는 군자인) 공(公, 상육)이 높은 담 위의 새매를 쏘아 잡으니 이롭지 않은 것이 없다.

　해(解)는 '풀리다'는 뜻이다. 건(蹇)의 어렵고 험난함이 풀리는 때이다. 괘상을 보면 위에서는 우레 소리가 나고 아래에서는 물이 흐른다. 지금까지 꽁꽁 얼어붙었던 만물이 봄을 맞이하여 땅이 풀리면서 겨울잠에서 깨어난다.

　상(象)에 이르기를, 하늘과 땅이 풀려서 천지가 사귐에 우레와 비가 일어나는 것이 해이니, 군자가 이를 본받아서 허물을 용서해주고 죄를 감해준다(象曰 雷雨作 解 君子 以 赦過宥罪). 모르고 한 과실은 용서해주고, 고의로 저지른 죄는 경감해주는 것이다. 즉 사과유죄(赦過宥罪)를 행한다.

　지금까지 동결되어 있던 일들이 해소되고, 얽힌 실마리가 술술 풀려나오듯 순조롭게 해결된다. 사업·금전상의 어려운 일이 해결되고, 상호 간의 갈등과 오해가 풀려 화해하며, 소송에 걸렸다면 화해가 이루어지며, 감옥에서도 풀려나온다.

　다만 계약이나 약속에서는 계약이 취소되고 약속은 깨지는 수가 있다. 어쨌든 모든 일이 풀린다는 뜻만으로도 좋은 괘다. 해(解)는 험한 것의 밖에서 움직여 험난함에서 빠져나오는 것이다. 내괘 수(水)가 외괘 목(木)을 생해주니 밖으로 모든 일이 풀리고, 험하고 어려운 과정이 모두 풀린다.

　평이한 서남방을 가듯 조금도 어려움 없이 완전히 해결되고, 원래의 모습을 되찾는다. 봄바람에 눈 녹듯 모든 과거의 잘못을 너그럽게 용서해야 한다. 서남방으로 가는 것이 이롭다. 그러나 무사안일은 금물이다.

　만약 해결되지 않은 것이 있으면 더 늦기 전에 지체하지 말고 가서 해결한다. 북방과 동방에 근거가 있다.

41. 산택손(山澤損)

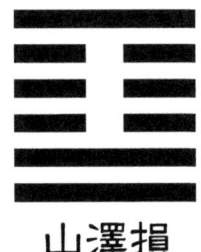

☞ 산이 물을 막아 못을 이룬다, 남을 도움, 복지
지원, 사회봉사, 투자, 교육, 선손후득(先損後得)

損 有孚 元吉 无咎 可貞. 利有攸往 曷之用 二簋 可用享
손 유부 원길 무구 가정. 이유유왕 갈지용 이궤 가용향
손은 믿음이 있으면 크게 길하고 허물이 없으므로 바르게 할 수 있다. 나아가는 것이 이로우니 어떻게 그것을 쓰리오? 두 대그릇으로 제사에 쓸 수 있다.

초구) **巳事 遄往 无咎 酌損之** 이사 천왕 무구 작손지
일을 마치거든 빨리 가야 허물이 없으니 참작해서 덜어낸다.

구이) **利貞 征凶 弗損 益之** 이정 정흉 불손 익지
바르게 하는 것이 이롭고, 나아가면 흉하니 덜지 말아야 더한다.

육삼) **三人行 則損一人, 一人行 則得其友**
　　　삼인행 즉손일인, 일인행 즉득기우
세 사람이 가는데 한 사람을 덜고, 한 사람이 가는데 그 벗을 얻는다.
(그러면 각각 둘이 되는데 음양의 화합을 의미한다)

육사) **損其疾 使遄 有喜 无咎** 손기질 사천 유희 무구
그 병을 덜어내는데 빠르게 하면 기쁨이 있어서 허물이 없다.

육오) **或益之 十朋之. 龜弗克違 元吉** 혹익지 십붕지. 귀불극위 원길
혹시 더하면 열 사람의 벗을 얻는다. 거북점도 어기지 못하리니 크게 길하다.

상구) **弗損 益之 无咎 貞吉, 利有攸往 得臣 无家**
　　　불손 익지 무구 정길, 이유유왕 득신 무가

덜지 말고 더하면 허물이 없고 바르게 하여 길하니, 나아가는 바를 두는 것이 이로우며 (온 천하가 신하가 되기를 원하니) 신하를 얻는데 정해진 집이 없다.

　손(損)은 '손해'라는 뜻이지만 단순히 아무런 의미가 없는 손해가 아니라 자금의 투자와 같이 이익을 전제로 한 손해, 기부·봉사와 같이 보람된 일에 노력과 재물을 소비하는 손해라는 의미가 내포되어 있다.
　상(象)에 이르기를, 산 아래 못이 있어서 산을 윤택하게 하여 초목을 기르고, 산은 물의 흐름을 막아 못이 깊어지게 하는 것이 손이니, 군자가 이를 본받아 성내는 것을 고치고 욕심을 막는다(象曰 山下有澤 損 君子 以 懲忿窒欲).
　봄에 씨를 뿌린 후 정성과 노력을 다해 기른 곡식을 가을에 알차게 수확하는 것에 비유된다. 눈앞의 이익만을 노려서 지속적인 노력과 자본의 투자가 없다면 결국 아무런 이익이 돌아오지 않는다.
　자본 투자, 보험·적금 가입 등에 매우 좋으며, 특히 공익사업에 착수하거나 사회봉사나 정의로운 일에 아낌없이 기부·봉사를 하면 몇 배의 이익으로 되돌아온다.
　損은 간산(艮山)이 위에 있고, 태택(兌澤)이 아래에 있는 상으로 아래의 것을 덜어 위에 더해준다는 뜻이다. 산이 가뭄에 시달릴 때 연못물이 증발하여 윤택하게 하니, 아래 것을 덜어 위를 돕는 상이다.
　보호받아야 할 아래를 오히려 덜어내므로 損이다. 그러므로 덕의 닦음[德之修]이 되며, 나쁜 것을 덜어내는 것은 몸에 유익하다.
　비면 차는 것이 세상 이치이다. 손해를 보고 가진 것이 없을수록 신의를 지켜야 하며, 쓰임새를 검소하고 간소하게 하면서 바르게 살아가야 한다. 현재는 손해를 보고 고통이 많더라도 나중에는 좋게 되니 끈기 있게 노력해야 한다.

42. 풍뢰익(風雷益)

☞ 봄에 뿌린 씨가 열매를 맺어 가을에 수확, 이익, 공익, 풍작, 불안정

益 利有攸往 利涉大川 익 이유유왕 이섭대천
익은 나아가는 것이 이로우며, 큰 내를 건넘(큰일을 하는 것)이 이로우니라.

초구) **利用爲大作 元吉 无咎** 이용위대작 원길 무구
크게 만들기 위해 쓰는 것이 이로우니, 크게 길해야 허물이 없다.

육이) **或益之 十朋之. 龜弗克違 永貞吉, 王用享于帝 吉**
　　　혹익지 십붕지. 귀불극위 영정길, 왕용향우제 길
혹시 더해주면 열 사람의 벗을 얻는다. 거북점도 어기지 못하리니 영원토록 바르게 하는 것이 길하며, 왕이 상제께 제사를 지내는 데 쓰더라도 길하다.

육삼) **益之用凶事 无咎 有孚中行 告公用圭**
　　　익지용흉사 무구 유부중행 고공용규
더해줌을 흉한 일에 쓰는 것은 허물이 없으나 믿음이 있고 중도로 행해야 공(윗사람, 구오)에게 고하여 홀(笏)을 쓴다(추인을 받는다).

육사) **中行 告公從 利用爲依 遷國**
　　　중행 고공종 이용위의 천국
중도로 행하면 공(윗사람, 구오)에게 고해 따르게 하리니 이에 의거하여 나라를 옮기면 이롭다.

구오) **有孚惠心 勿問 元吉 有孚 惠我德**
　　　유부혜심 물문 원길 유부 혜아덕

믿음이 있어서 은혜를 베푸는 마음이라 묻지 않아도 크게 길하니 (세상 사람들의) 믿음이 있어서 나의 덕을 은혜롭게 여긴다.

상구) **莫益之 或擊之 立心勿恒 凶**
　　　막익지 혹격지 입심물항 흉

더해주는(보태주는) 것이 없어서 혹시 칠(공격할) 것이라 생각하여 처음 세웠던 마음을 바꾸니 흉하다.

　익(益)은 '이익'이란 뜻으로 사사로운 이익보다 공익을 더 강조한다. 상(象)에 이르기를, 바람과 우레가 익이니, 군자가 이로써 착한 것을 보면 몸소 실천하고 잘못이 있으면 바로 고친다(象曰 風雷 益 君子 以 見善則遷 有過則改).

　헤어졌던 가족이 한자리에 모이는 모습이다. 봄에 뿌린 씨가 열매를 맺어 가을에 수확하는 것으로서, 지금까지 기울었던 노력과 자본을 알차게 거둬들여 창고와 금고에 차곡차곡 쌓아두게 된다.

　매사에 적극성을 띠어야 한다. 뭇사람에게 따뜻한 정과 은혜를 베풀고, 자선사업·공익사업에 투자하면 좋다. 농사에는 풍작이고 사회적으로 명성과 지위가 높아진다. 봉사나 투자에 대한 이익이 당장 나타나지 않더라도 이것이 바탕이 되어 성공할 수 있는 계기가 마련된다.

　위의 것을 덜어 아래를 돕는다. 배를 타고 강을 건너니 이익이 바로 눈앞에 있고 행동을 겸손하게 하니 더욱 유익하다. 자타를 유익하게 하는 것은 가만히 있어서 되는 게 아니며 크게 어려움을 겪고 나서야 가능하다.

　바람이나 우레나 모두 한곳에 안정되지 않고 움직이는 때이므로 마음이 불안정하고 과단성이 결여된 감이 있다. 형체가 없는 괘이므로 겉으로만 화려하고 실속이 없는 경우가 많다. 뿌리가 없는 형상이니 불의의 재난과 주변 인물의 변심을 조심해야 한다.

43. 택천쾌(澤天夬)

☞ 강한 양기가 위로 치받쳐 오름, 칼을 들고 진중
호령, 항쟁, 결단, 결렬, 겸손, 훈계

夬 揚于王庭 孚號有厲. 告自邑 不利則戎 利有攸往
쾌 양우왕정 부호유려. 고자읍 불리즉융 이유유왕
(마지막 남은 음인 상육을) 왕의 뜰에서 드날림[공개적으로 죄를 다스림]
이니 진실한 믿음으로 호령해서[백성과 한마음이 되어 그 죄를 추국해서]
위태로운 듯 조심해야 한다[반드시 나중의 위험을 생각해서 조심조심 행
해야 소인(상육)을 완전히 몰아낼 수 있다]. 읍으로부터 고하고서[자기
자신부터 먼저 바르게 한 후], 군사를 쓰는 것은 이롭지 않으며[무력을
사용하지 않고 소인으로 하여금 스스로 물러가도록 함이 순리이며] 나아
가는 것이 이롭다.

초구) **壯于前趾 往不勝 爲咎** 장우전지 왕불승 위구
발꿈치에서 씩씩함이니 나아가서 (상육을) 이기지 못하면 허물이 된다.

구이) **惕號 莫夜 有戎 勿恤** 척호 모야 유융 물휼
두려워하며 (백성을) 호령함이니 깊은 밤에 군사가 있더라도 (중도를 얻
었기 때문에) 근심하지 말라.

구삼) **壯于頄 有凶 獨行遇雨 君子夬夬. 若濡有慍 无咎**
　　　장우구 유흉 독행우우 군자쾌쾌. 약유유온 무구
광대뼈에서 씩씩하여 흉하고 혼자 가다가 비를 만나니[결단할 음인 상육
과 응하여 사적으로 화합하니] 군자는 결단할 것을 결단한다. (상육에게)
젖는 듯하면서도 과감히 성내야[상육을 뿌리쳐야] 허물이 없다.

구사) **臀无膚 其行次且 牽羊 悔亡 聞言不信**
둔무부 기행자자 견양 회망 문언불신
볼기에 살이 없으며 그 행함이 머뭇거리니 양[초구·구이·구삼]을 이끌면[앞에서 억지로 끌지 말고 뒤에서 살살 몰면] 뉘우침이 없겠으나 (반발하는 초구·구이·구삼의) 말을 듣더라도 믿지 않는다.

구오) **莧陸夬夬 中行 无咎** 현륙쾌쾌 중행 무구
현륙(자리공·쇠비름, 상육)을 결단하고 결단하여[자르고 잘라] 중도로 행하면 허물이 없다.

상육) **无號 終有凶** 무호 종유흉
호소할 데가 없으니 마침내 흉하다.

　쾌(夬)는 '결(決)'과 같은 뜻이 있으니 '결단(決斷)하다'의 뜻으로 통한다. 상(象)에 이르기를, 연못이 하늘 위로 올라가 안정하지 못하고 아래로 물이 새는 것이 쾌니, 군자가 이를 보고 아래의 백성에게 은택을 미치며, 덕에 거하여 금기사항을 정하여 스스로 방비한다(象曰 澤上於天 夬 君子 以 施祿及下 居德則忌).
　쾌괘는 상효(上爻)만 음효로 되어있을 뿐 그 아래는 모두 양효이다. 아래의 강한 양기가 위로 치받쳐 오르는 괘이니 아래에서 윗사람을 밀치고 그 자리에 올라서게 되는 상으로 그 기세가 매우 강하고 당당하다.
　그러나 지나치면 위아래에 마찰이 생겨 크게 불길해지는 것이니 현재 자기의 강한 세력만 믿고 앞뒤 분별없이 밀고 나가다가는 도리어 그 전의 위치마저 유지하지 못할 우려가 있다.
　그러므로 쾌괘를 얻은 사람은 신분과 지위가 높아질수록 평소보다 더욱 공손하고 겸양한 태도를 가져야 하며, 사업에서도 지나치게 확장하지 말고 조심스럽게 운영해 나가야 한다.
　아주 하찮은 일에 구멍이 생겨 의외의 파탄과 손실을 가져올 수도 있으니 만사를 튼튼하게 다듬어 나가야 한다. 쾌는 '결렬(決裂)'이란 뜻도 있으니 가정 파탄, 회합(會合)의 결렬 등도 있는 괘이니 아무쪼록 겸양과 화합에 힘써야 한다.

결단이나 결정 등 결말을 지을 때이다. 그러나 급히 서두르다 주변의 원망을 받아 고립되거나 상대방으로부터 역공 받을 우려가 있으니 신중해야 한다. 홀로되거나 외톨이가 되는 것을 주의해라. 결단할 것은 결단해라. 그러나 보복은 삼가고 관용을 베풀어라.

마지막 남은 음인 소인(上六)을 왕의 뜰에서 공개적으로 죄를 다스리는 것이니, 백성과 한마음이 되어 그 죄를 추국하는데 반드시 나중의 위험을 생각해서 조심조심 신중하게 행해 나아가야 소인(상육)을 완전히 몰아낼 수 있다.

자기 자신부터 먼저 바르게 한 후, 강압적인 힘(무력)을 사용하지 않고 소인(상육)으로 하여금 스스로 물러가도록 함이 순리이다. 강한 군사와 힘이 있더라도 자신이 수양한 덕으로써 순리적으로 다스려야지 억지로(힘으로) 다스려서는 안 되며 끝까지 중도를 가지고 바르게 나아가는 것이 이롭다.

▼ 후쿠시마 원전 사고와 택천쾌(澤天夬)

후쿠시마 원자력 발전소 사고는 2011년 3월 11일 일본 후쿠시마현 제1원자력 발전소에서 동일본 대지진과 그로 인한 쓰나미로 인해 발생한 원자력 발전소 사고로서, 인류 역사상 두 번째로 큰 원전 사고이다.

☞ 후쿠시마 원전 사고가 뉴스에 보도되고 일본에서는 사실을 은폐하고 있을 때 괘를 뽑았는데 택천쾌가 나왔다. 그래서 원자로가 금이 가고 더 이상 사용할 수 없으며 물이 새고 있다고 말했다.

쾌(夬)는 '결(決)'과 같은 뜻이 있으니 氵(삼수변)+夬(터놓을 쾌) ⇒ 決(터질 결)이 되기 때문이다.

44. 천풍구(天風姤)

☞ 해와 달이 어두워지다가 다시 밝아진다, 우연히 (다시) 만남, 혼인, 회합, 사고(事故), 실물(失物)

姤 女壯 勿用取女 구 여장 물용취녀
구는 여자가 건장함이니 여자를 취하여 쓰지 말라.

초육) **繫于金柅 貞吉, 有攸往 見凶 羸豕 孚蹢躅**
　　　계우금니 정길, 유유왕 견흉 이시 부척촉
(음이 자라지 못하도록 튼튼한) 쇠말뚝에 매면 바르게 함이 길하고, 나아가게 하면 흉한 것을 보니 마른 돼지가 마음대로 날뛰어 곡식을 해치는 것과 같다.

구이) **包有魚 无咎 不利賓** 포유어 무구 불리빈
꾸러미에 물고기가 있으니(초육이 자라 올라오지 못하도록 잘 막으니) 허물이 없고 손님[다른 양(陽)들]에게는 불리하다.

구삼) **臀无膚 其行次且 厲 无大咎** 둔무부 기행자저 려 무대구
볼기에 살이 없어서 그 행동이 머뭇거리니 위태롭게 여기면 큰 허물이 없다.

구사) **包无魚 起凶** 포무어 기흉
꾸러미에 물고기가 없으니[중정(中正)의 덕을 잃고 정응(正應)인 초육에게만 마음이 쏠려 있으나 초육의 마음은 이미 구이에게 갔으니] 흉함이 일어난다.

구오) **以杞包瓜 含章 有隕自天** 이기포과 함장 유운자천

갯버들로 오이를 싸서 밝은 것[중정한 덕]을 머금으니 하늘로부터 떨어짐[복(福)·명(命)]이 있다.

상구) **姤其角 吝 无咎** 구기각 인 무구
그 뿔의 예리함으로 만나니[양으로서 구(姤)의 끝에 있어 과강(過剛)하여 자기를 낮춰 만나려 하지 않고 높게만 하고 있으니] 인색하나 허물할 데[허물이 자신의 항극(亢極)으로부터 온 것이니 남을 허물할 수]가 없다.

　구(姤)는 '우연히 만나다'인데 좋은 일보다는 나쁜 일을 만난다는 뜻에 가깝다. 그러므로 구괘는 신변의 사고나 손재·사기 등을 뜻밖에 당한다고 봐야 하니 이런 점에 주의해야 한다.
　상(象)에 이르기를 하늘 아래 바람이 두루 행하는 모습을 여자 임금[후(后)]이 보고 왕덕(王德)과 교화(敎化)를 베풀어 사방에 두루 미치게 하는 것이다(象曰 天下有風 姤 后 以 施命誥四方).
　하늘로부터 바람이 불어 만물을 진작시키며, 다섯 양이 한 음을 만나는 상이다. 구는 하늘이 초목을 생하는 것이다. 그러나 잡초는 곡식을 해한다. 따라서 잡초가 자라지 못하도록 억제해야 한다. 불순한 여자를 만나지 말고 가려서 만나야 함을 말한다.
　구괘를 얻은 사람은 좋고 나쁜 것을 막론하고 갑작스러운 사건이 일어나기 쉽다. 그러나 금전적 어려움에 허덕이는 경우라면 우연히 돈이 생기거나 돈을 모을 수 있는 기회를 만날 수도 있다. 그러나 불순한 여자를 만나지 말고 사람을 가려서 만나라. 남자는 여자를 만나지 말고 여자는 자중해야 한다.
　따라서 자기를 바르게 다스리면서 사방에 그 경계함을 알린다. 원치도 않는 일에 휘말리는 것을 주의해라. 경쟁자가 많아 일을 진행 시키기가 어렵다. 그렇다고 수단과 방법을 가리지 않고 덤비면 오히려 걱정거리가 생기므로 신중해야 한다. 작은 일은 이루어지나 큰일은 성사되기 어렵다.

45. 택지취(澤地萃)

☞ 물고기와 용이 바다에 모인다, 모임, 협조, 성공, 다시 모음, 집합(集合), 대중을 상대

澤地萃

萃 王假有廟 利見大人 亨 利貞. 用大牲 吉 利有攸往
취 왕격유묘 이견대인 형 이정. 용대생 길 이유유왕
취(萃·聚 모일 취)는 왕[구오]이 사당을 둠에 지극히 함이니 대인[육이]을 봄이 이롭고 형통하니 바르게 함이 이롭다. 큰 희생을 씀이 길하니 나아가는 것이 이롭다.

초육) **有孚 不終 乃亂乃萃. 若號 一握爲笑 勿恤 往无咎**
　　　유부 부종 내란내취. 약호 일악위소 물휼 왕무구
(정응인 구사에게) 믿음이 있으나 (그 재질이 유약해 믿음이 흔들리므로) 끝까지 아니하면 이에 마음이 어지러워져 (육이·육삼과 함께) 망령되이 모인다. 만일 호소하여 (구사를 찾으면 육이·육삼이) 일제히 비웃으나 걱정하지 말고 (정응인 구사를) 찾아가면 허물이 없다.

육이) **引吉 无咎 孚乃利用禴** 인길 무구 부내이용약
(정응인 구오와 서로) 이끌어서 모이면 길해서 허물이 없으니 정성스럽게 하면 간략히 제사를 올려도 이롭다.

육삼) **萃如嗟如 无攸利, 往无咎 小吝**
　　　취여차여 무유리, 왕무구 소린
(초육·육이와 함께) 모이다가 슬퍼하는 것이니 이로운 바가 없으며, (정응인 상육에게) 나아가면 허물은 없으나 (같은 음인 상육과 함께하므로) 조금은 인색하다.

구사) **大吉 无咎** 대길 무구

크게 길하여야[부중정(不中正)한 자리이나 양으로서 대신(大臣) 자리에 있고 모으는 때에 있으니 곤(坤)백성의 뜻을 모으지만 자칫하면 모함을 받을 수 있으므로 먼저 구오 인군(人君)의 전폭적인 신임을 받은 후에야 비로소] 허물이 없다.

구오) **萃有位 无咎 匪孚 元永貞 悔亡**
　　　취유위 무구 비부 원영정 회망

모으는 때에 (강건 중정한 덕으로 높은) 지위에 있고 허물이 없으나 (남들이) 믿지 않더라도 크게 착하고 영원히 하며 바르게 하면 후회가 없어진다.

상육) **齎咨涕洟 无咎** 재자체이 무구

(모이고 기뻐하는 때의 끝에 있어서 그 모임과 기쁨이 다하여) 탄식·한숨·눈물·콧물을 흘리나 (남에게) 허물할 데가 없다.

　취(萃)는 '모이다, 모으다'는 뜻으로 물고기들이 바다에 모여들고 사방의 물이 한곳으로 모여 큰 강을 이루는 형상이다. 땅 위에 못이 있으므로 물이 많이 모인 형상이다. 물이 많이 모이면 넘쳐서 샐 염려가 있으니 반드시 제방을 쌓아 막아야 한다. 군자가 이러한 상을 보고 사람이 많이 모이면 이견이 생겨 분쟁이 일 것을 예상하여 경계하는 것이다.

　상(象)에 이르기를 못이 땅 위에 있는 것이 취니 군자가 이를 본받아 병기를 수리하여서 미리 헤아리지 못한 사고를 경계하느니라(象曰 澤上於地 萃 君子 以 除戎器하야 戒不虞하나니라). 군자는 이 괘상을 보고 불의에 침입하는 적을 막아내기 위해 미리 군량을 준비하고 병기를 만드는 등 만반의 준비를 해둔다.

　땅 위에 못이 있으므로 물이 많이 모인 상이다. 물이 많이 모이면 넘쳐서 샐 염려가 있으니 반드시 제방을 쌓아 미리 막아야 한다. 군자가 이러한 상을 보고 사람이 많이 모이면 이견이 생겨 분쟁이 일어날 것을 예상하여 경계하는 것이다.

취괘를 얻은 사람은 동지를 모으고 협력자를 구하며 어떤 것을 수집하는 일에 매우 좋다. 사업은 번창하고 재물이 모아지고 뜻을 같이하는 동지들이 모여든다. 운세가 좋으므로 사업은 번창하고 시험에는 합격하며 직장인은 승진한다.

많은 것들을 취합하여 풍부해지니 모든 행사를 성대하게 치른다. 그러나 많으면 도둑이 들기 쉽고, 제방이 무너질 염려도 있으며, 사람이 많다 보면 신용이 떨어지는 사람도 있고, 질서가 문란할 수도 있으니 유비무환(有備無患)의 경계를 해야 한다. 할 일도 많고 형통하며 길하다. 사리사욕을 억제하고 구설이나 논쟁을 피하며 성심성의로 나가면 크게 성공한다.

46. 지풍승(地風升)

☞ 새싹이 땅 위로 돋는다, 맹아(萌芽), 상승, 발전, 진전, 입신출세, 승진, 성장

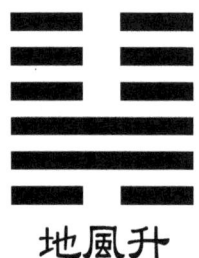

升 元亨 用見大人 勿恤 南征吉 승 원형 용견대인 물휼 남정길
승은 크게 형통하니 대인[구이]을 보고 쓰니 걱정하지 말고 남쪽으로 가면 길하다.

초육) **允升 大吉** 윤승 대길
믿고 오름이니 크게 길하다.

구이) **孚乃利用禴 无咎** 부내이용약 무구
(위로 유약한 임금인 육오를 섬김에 있어 치장한 형식보다 믿음과 실질을 가지고) 믿어서 이에 간략한 제사를 지냄이 이로우니 허물이 없다.

구삼) **升虛邑** 승허읍
[득정(得正)하였고 오르는 때에 위가 모두 음으로 트여 있고, 상육의 응원이 있으니 의심할 바가 없이] 빈 읍에 오름이다.

육사) **王用亨于岐山 吉无咎** 왕용향우기산 길무구
왕이 [서남쪽 곤방(坤方)의] 기산에서 제사를 지내면 길하고 허물이 없다.

육오) **貞吉 升階** 정길 승계
올바르게 해야 길하여 계단으로 오른다(자신이 유약하므로 구이에게 신임을 주어 다스리게 하면 계단으로 오르듯이 쉽게 백성의 뜻을 얻을 수 있다).

상육) 冥升 利于不息之貞 명승 이우불식지정
어두운데 오름이라 (나아갈 줄만 알고 그칠 줄은 모르니) 쉬지 않는 올바름이[올바름을 지켜 더 이상 나아가지 않는 것이] 이롭다.

  승(升)은 '오르다'는 뜻으로 땅속에서 새싹이 돋아 땅 위로 점점 올라오고, 동쪽 하늘에서 태양이 떠오르는 기상이니 관직의 승진, 생산물의 가격상승 등 좋은 운이다.
  상(象)에 이르기를 땅 속에서 나무가 나오는 것이 승이니, 군자가 이로써 순응하는 덕을 기르면서 작은 것으로부터 시작해서 차츰 큰 이상을 이룩해 나간다(象曰 地中生木 升 君子 以 順德 積小以高大). 땅속에 나무가 있어서 싹이 트고 자라서 마침내 큰 재목이 되는 것이 승의 상이다.
  입신출세하는 상승의 길운이 다가오고 있다. 처음에는 보잘것없는 미관말직이던 사람이 그 실력을 인정받아 점차 승진하고, 처음에는 적은 자본으로 시작했던 사업의 규모가 점차 커간다. 그러나 성운(盛運)이라 해서 갑자기 뛰어오르고 갑자기 큰 성과를 거두려 한다면 오히려 좌절되고 만다.
  왜냐하면 초목과 같아서 자연스럽게 자라나야 하지 이것을 빨리 자라나게 뽑아 올린다면 줄기가 끊어지거나 뿌리째 뽑혀 소용이 없는 이치와 마찬가지이다. 여성에게는 일신상에 좋은 일이 있다. 즉 미혼이면 마음에 드는 남성을 만나게 되고 기혼이면 임신 소식이 있다.
  땅속에서 나무가 나와 성장하여 상승하는 괘이다. 작은 것을 쌓아 크게 된다. 남쪽으로 가면 귀인을 만나 뜻을 이루고 경사가 겹치니 걱정하지 말고 과감하고 결단성 있게 나아가라. 모든 일이 상승일로에 있으니 덕에 순종하여 처신한다. 지금까지 풀리지 않고 감춰져 있던 일이 광명 천지에 드러나는 때이니 새로이 일을 계획하고 사업을 적극적으로 벌이는 것이 좋다.

47. 택수곤(澤水困)

澤水困

☞ 물이 빠져버린 못, 못물이 말라붙어 곤궁, 곤경, 막힘, 은인자중(隱忍自重), 절처봉생(絶處逢生), 침묵하라

困 亨貞 大人 吉无咎 有言不信
곤 형정 대인 길무구 유언불신
곤은 형통하고 올바르니 대인인지라 길하고 허물이 없으나 말이 있으면 믿지 않는다. (안은 험하나 밖으로 기뻐하는 덕이 있으니, 험한 난관을 뚫고 나아가 그 형통한 바를 잃지 않는다면 마침내 기쁨이 있게 된다)
[몸은 곤궁해도 그 도(道)는 형통하고, 구오가 강건 중정(中正)하고 구이가 강중(剛中)으로 험한 가운데서도 바르게 하니 대인인지라 곤궁한 가운데서도 능히 천명(天命)에 순응하고 도(道)를 지키니 길하고 허물이 없다. 그러나 자신의 처지가 곤궁하면서 남들에게 충고하면 비록 대인의 말일지라도 믿지 않는다]

초육) **臀困于株木 入于幽谷 三歲不覿** 둔곤우주목 입우유곡 삼세불적
엉덩이가 나무 그루터기에 곤궁함이라 깊은 산골짜기에 들어가 3년이 되어도 볼 수 없다.

구이) **困于酒食 朱紱方來 利用亨祀 征凶 无咎**
　　　곤우주식 주불방래 이용향사 정흉 무구
먹고 마심에 곤궁하나 주불[임금의 부르심]이 장차 올 것이니 제사를 올림이 이로우나, (만약 육오 임금의 부름을 기다리지 않고 먼저) 찾아가면 흉하고, (다른 데에) 허물할 수가 없다.

육삼) **困于石 據于蒺藜 入于其宮 不見其妻 凶**

　　　　곤우석 거우질려 입우기궁 불견기처 흉
돌에 곤궁하며 가시나무에 거처함이라 그 집에 들어가도 아내를 볼 수 없으니 흉하다.

구사) **來徐徐 困于金車 吝有終** 내서서 곤우금거 인유종
천천히 오는 것은 쇠수레[구이]에 곤궁하기 때문이니 인색하지만 끝남이 있다.

구오) **劓刖 困于赤紱 乃徐有說 利用祭祀**
　　　의월 곤우적불 내서유열 이용제사
(자신은 상육에게) 코를 베이고 (응원해 줄 구이는 초육에게) 발꿈치를 베임이니 적불(신하의 행차)에 곤궁하나 서서히 (구이와 만나서) 기쁨이 있을 것이니 제사를 지냄이 이롭다.

상육) **困于葛藟 于臲卼 曰動悔 有悔 征吉**
　　　곤우갈류 우얼올 왈동회 유회 정길
칡넝쿨과 위태로움에 곤궁하니 움직이면 후회가 있다고 말하여, 뉘우침이 있고서 나아가면 길하다(처음에는 곤궁함이 지극하여 칡넝쿨과 위태로움에 곤궁한 것 같으나, 움직이면 뉘우칠 것을 알고 스스로 경계하면서 나아가니 길하다).

　곤(困)은 '곤궁하다'는 뜻인데 나무가 꼼짝 못 하도록 갇혀 있다는 것이다. 사대난괘[四大難卦: 수뢰둔(屯)·중수감(坎)·수산건(蹇)·택수곤(困)] 중의 하나에 해당하는 흉한 괘이다.
　상(象)에서 이르길, 못에서 물이 빠져나가 물이 없는 것이 곤이니 군자가 이를 보고 백성이 곤궁할 때에 몸을 편안히 두지 않고 목숨을 바쳐 그 뜻을 이루는 것이다(象曰 澤无水 困 君子 以 致命遂志).
　곤괘를 얻은 사람은 아무리 수단이 좋고 유능하다고 할지라도 현재로서

는 곤경에 처하여 헤어날 방도가 없다. 운이 도와주지 않고 사람들이 믿지 않는다. 그러나 호랑이에게 물려가도 정신만 차리면 살 수 있다는 말처럼 이런 때일수록 좌절하지 말고 정신을 바짝 차려 침착하게 마음의 안정을 지키기에 노력해야 한다.

모든 것은 시간이 해결하는 것, 곤경에 처하여 꼼짝도 못할 때는 만사가 끝난 것 같으나 절처봉생(絶處逢生)으로 막바지에 이르면 더 이상 내려갈 수 없으므로 다시 올라가는 게 자연의 이치다. 그러므로 자포자기하지 말고 냉정하게 인내하면서 회생(回生)의 때가 오기를 기다려라.

곤궁할 때라 남들이 믿어주지 않는다. 그러나 평화롭고 기쁜 마음으로 나아가면 궁즉통(窮則通)의 진리에 따라 해결의 문이 열린다. 곤란을 당해 심신이 부자유스러운 상황이니 노고는 많으나 성과는 없다. 그렇다고 불안감에 망동하면 더욱 위험하다.

화분에 심긴 나무처럼 혼자서는 살아갈 수 없고 주변의 도움이 있어야 한다. 따라서 은인자중(隱忍自重)하여 힘을 기르면서 때를 기다리면 의외의 길운이 올 수 있다.

곤은 험한 가운데서도 화평하고 기쁘니 심신은 곤궁해도 그 도는 형통하다. 구오와 구이가 험한 가운데서도 바르게 하니 대인이며, 곤궁한 가운데서도 능히 천명(天命)에 순응하고 도(道)를 지키니 길하고 허물이 없다. 그러나 처지가 곤궁하면서 다른 사람에게 충고하면 비록 대인의 말이라도 믿지 않는다.

48. 수풍정(水風井)

☞ 우물 안의 두레박, 혜택을 베품, 양보, 협동, 초지일관, 우물 고침(수리), 신중, 민심을 얻음

井 改邑 不改井 无喪无得 往來井井. 汔至 亦未繘井 羸其瓶 凶
정 개읍 불개정 무상무득 왕래정정. 흘지 역미율정 이기병 흉
정은 사는 읍은 옮기더라도 우물은 옮기지 못하며, 물은 퍼도 줄어들지 않고 안 퍼도 넘치지 않으니 오고 가는 사람들이 모두 마시고 마시는 것이다. 두레박줄이 우물에 거의 이르렀어도 닿지 못하고, 더구나 두레박까지 깨면 흉하다.

초육) **井泥不食 舊井 无禽** 정니불식 구정 무금
우물에 진흙이 있어 마시지 못하고 옛 우물에 새도 없다.
(유약하고 井의 아래에 있고 위로 더불어 하는 이가 없으니 물이 밖으로 나가 쓰이지 못하고, 또 아래에 있는 까닭에 물은 없고 진흙만 있으니 사람에게 버림을 받고 새까지도 돌아보지 않는다)

구이) **井谷射鮒 甕敝漏** 정곡석부 옹폐루
우물이 골짜기에 있으니 붕어를 쏘고 항아리가 깨져 물이 샌다.
(우물물은 위로 올라가 만인을 길러야 하는데 골짜기 물과 같이 아래로 흐르고 더러워져서 붕어와 같은 미물이나 간신히 먹으니 항아리가 깨져서 새는 형상과 같다)

구삼) **井渫不食 爲我心惻. 可用汲 王明 竝受其福**
　　　정설불식 위아심측 가용급 왕명 병수기복
우물물이 깨끗하여 (사람들이 마실 만하지만 아직 사람들이 모르고) 마시지 못하니 내 마음이 슬프다. 길어서 쓸 수 있으니 왕[구오]이 밝으면 함께 그 복을 받는다.

육사) **井甃无咎** 정추무구
우물 벽에 벽돌을 쌓으면 허물이 없다.
(음이 음자리에 있어 바름을 얻었지만 아직 우물 밖으로 나오지 못했고 재질과 뜻이 모두 유약하니, 스스로 자신을 닦으면서 본분을 지키면 허물이 없다)

구오) **井冽寒泉食** 정렬한천식
우물이 맑아서 찬 샘물을 마신다.

상육) **井收勿幕 有孚 元吉** 정수물막 유부 원길
우물물을 길은 후에 (누구라도 물을 길어서 쓸 수 있도록) 뚜껑을 덮지 않는 믿음이 있으니 크게 길하다.

　정(井)은 '우물'이란 뜻이지만 우물에 물이 가득 고여 있어도 물을 퍼 올릴 두레박이 있어야 하고, 두레박이 있더라도 퍼 올리려는 의욕과 노력이 있어야만 고인 물을 유익하게 쓸 수 있다.
　상(象)에 이르기를, 나무 위에 물이 있는 것이 정이니, 군자는 이로써 사람들의 어려움을 위로하는 한편 서로 도우며 살기를 권한다(象曰 木上有水 井 君子 以 勞民勸相).
　현재 무슨 일이든지 충분히 해낼 수 있는 여건이 잘 갖추어져 있다. 의욕을 가지고 실천에 옮기기만 하면 된다. 계획도 노력도 없이 저절로 얻어지기를 바란다면 큰 오산이다. 노력하면 그만큼의 성과가 있고, 자본을 투자하면 그에 비례하여 이익을 얻는다.
　성공하느냐 마느냐는 당사자의 마음가짐에 달려있다. 상대방과 손발이 잘 맞지 않는다는 것도 암시한다. 그러므로 서로 양보하고 이해하여 협동

화합하면 큰 성과를 거둘 수 있다.

　내괘 손목(巽木)이 우물을 이루고, 외괘 감수(坎水)가 차 올라오는 상이다. 먹어도 먹어도 풍부하다. 그러나 우물은 아홉 길을 파더라도 샘에 이르지 못하면 우물을 버리는 것과 같으니, 중도포기하지 말고 목적달성을 위하여 끝까지 노력해야 한다. 매사에 그 방법은 바꾸더라도 본체는 바꾸지 않아야 한다.

　우물을 파고 물을 긷는 초창기에는 어려움이 따르나, 일단 물을 긷고 나면 모든 사람이 즐거움을 누린다. 만인을 기르고 구제하느라 바쁘고, 오가는 사람이 문전성시를 이룬다. 그러나 하다가 그만두면 지금까지 해온 노력이 물거품이 되므로 끝까지 덕과 사랑을 베풀어야 한다.

　살고 있는 장소는 옮기더라도 우물은 옮기지 못하는 것이다. 우물물은 퍼내도 줄어들지 않고 그대로이며, 퍼내지 않고 그냥 놔두더라도 넘치지 않고 그대로이니, 오고 가는 사람이 다 마시고 마시는 것이다.

　두레박이 우물에 거의 이르렀어도 닿지 못하고, 더구나 두레박까지 깨면 흉한 것이다. 우물은 열 길을 파야 물이 나온다. 만약 아홉 길만 파고 그만두면 물이 나오지 않는 것처럼 무슨 일이든 시작하면 끝까지 노력하여 완성을 보아야 한다. 이는 또한 도통(道通)도 의미한다.

49. 택화혁(澤火革)

☞ 굼벵이가 매미로 변신, 옛것을 버리고 새것을
 취함, 혁신, 변혁, 개혁, 고치고 바뀜, 분기(分岐)

革 已日 乃孚 元亨利貞 悔亡 혁 이일 내부 원형이정 회망
혁은 날이 마쳐야 이에 믿으리니 크게 형통하고 바르게 함이 이로워서 후회가 없다.

초구) 鞏用黃牛之革 공용황우지혁
누런 소의 가죽을 묶어서 쓴다.

육이) 已日 乃革之 征吉 无咎 이일 내혁지 정길 무구
날이 마쳐야 고치리니 나아가면 길해서 허물이 없다.

구삼) 征凶 貞厲 革言三就 有孚 정흉 정려 혁언삼취 유부
나아가면 흉하니 올바르게 하며 위태롭게 여겨야 할 것이니 고친다는 말이 세(여러) 번 이루어지면 신뢰성이 있다.

구사) 悔亡 有孚 改命 吉 회망 유부 개명 길
후회가 없어지니 신뢰성이 있으면 명(命)을 고쳐서 길하다.

구오) 大人虎變 未占 有孚 대인호변 미점 유부
대인이 호랑이 문채(文彩)로 변하는 것이니 점치지 않아도 신뢰성이 있다.

상육) 君子豹變 小人革面 征凶 居貞 吉
    군자표변 소인혁면 정흉 거정 길

군자는 표범의 문채(文彩)로 변하고 소인은 얼굴만 고치니 나아가면 흉하고 바른 데 거처하면 길하다.

혁(革)은 '바꾸다, 개혁하다, 혁명' 등의 뜻으로 지금까지 지속해오던 것들이 새롭게 변혁된다는 것을 말한다. 물과 불이 위아래에서 충돌하는 형상으로 두 기운이 충돌함으로써 변혁이 일어난다.

상(象)에 이르길, 못 가운데 불이 있는 것이 혁이니, 군자가 이로써 역법(曆法)을 다스리고 때를 밝히느니라(象曰 澤中有火 革 君子 以 治歷明時).

어지러운 정치를 바른 정치로 바꾸기 위한 혁명, 낡은 것을 새로운 것으로 갈아 치우는 혁신과 개혁의 의미이다. 국가 혁명, 사업 혁신, 가옥 개축, 직업 전환 등에 있어 매우 적합한 때가 이르렀다. 모든 사물이나 환경이 새롭게 변혁된다는 점을 나타내는 괘다.

혁신할 것은 단호히 혁신해야 한다. 그러나 하늘이 정도(正道)로써 사시(四時)를 바꾸듯이 천리(天理)와 인사(人事)에 순응하는 혁(革)이라야 한다.

지금까지 잘되지 않았거나 부조리한 것을 버리고, 새 마음 새 뜻으로 바꾸자는 것이니 치밀한 계획과 주변 사람의 협조, 그리고 꾸준한 추진력으로 행해나가면 크게 발달하고 번영한다. 주거 이동이나 영업방침의 변경, 전직 등이 있는 운이다.

혁은 고칠 것이 있더라도 모든 사람이 공감을 갖도록 시일을 두어야 이에 모든 사람이 확신을 갖고 고치려 할 것이다. 그리고 폐단을 고치니 크게 형통하고, 바르게 하니 고친 것이 오래갈 수 있어 좋고, 고치지 않아 쌓였던 폐단이 없어지므로 좋다.

▼ 皮革(피혁)
皮(가죽 피): 갓 잡은 동물의 '생가죽'을 벗겨내는 모습
革(가죽 혁): 용도에 맞게 사용하기 위해 가죽을 펴고 무두질을 하는 모습

50. 화풍정(火風鼎)

☞ 솥 안에서 음식물을 익힌다, 잔치·연회를 베풀다, 합심, 쇄신, 안정, 존귀, 공평한 분배

鼎 元亨 정 원형
정은 크게 형통하다.

초육) **鼎顚趾 利出否 得妾 以其子无咎** 정전지 이출비 득첩 이기자무구
솥의 발이 엎어지지만 (구이·구삼으로 인한) 꽉 막힌 것을 내놓게 되어 이로우며, (정응이 아닌 구이에게) 첩으로 가면 아들을 낳아서 허물이 없어진다.

구이) **鼎有實 我仇有疾 不我能卽 吉** 정유실 아구유질 불아능즉 길
솥에 음식이 있으나 내 짝[초육]이 병이 있으니 내게 다가오지 못하게 하면 길하다(위로 정응인 육오를 도와 음식물을 삶아내 만인을 구제하는 공을 이룰 수 있다).

구삼) **鼎耳革 其行塞 雉膏不食 方雨虧悔 終吉**
　　　정이혁 기행색 치고불식 방우휴회 종길
솥귀가 변혁돼서 그 가는 길이 막혀 꿩의 기름을(처음에는 육오 임금이 그 재주를 인정하지 않고 의심하니 녹을) 먹지 못하지만, 나중에는 비가 내리니 부족해서 생긴 후회가 마침내 길하게 된다.

구사) **鼎折足 覆公餗 其形渥 凶** 정절족 복공속 기형악 흉
(정응인 초육 소인에게 사사로운 정으로 중임을 맡겨서) 솥의 다리가 부러져 육오 임금의 음식물을 엎으니 자기 얼굴에 묻어서 흉하다.

육오) **鼎黃耳金鉉 利貞** 정황이금현 이정
솥이 누런 귀에 금 고리이니 바르게 하면 이롭다.

상구) **鼎玉鉉 大吉 无不利** 정옥현 대길 무불리
솥이 옥고리이니 크게 길해서 불리한 것이 없다.

 솥[鼎]은 세 발이 있어야 바르게 걸리는 물건이다. 세 발 가운데 하나만 없어도 솥을 걸어 음식을 익힐 수가 없으므로 서로 협력하여만 좋다.
 상(象)에 이르길, 나무 위에 불이 있는 것이 정이니, 군자가 이를 보고 각자의 능력에 알맞은 지위와 책임을 부여해서 사명을 다하도록 한다(象曰 木上有火 鼎 君子 以 正位凝命).
 정괘를 얻으면 신규 사업을 경영하는 데 매우 좋다. 셋이 합심 협력하면 무슨 일이든 성사된다. 재래적인 낡은 방법을 과감하게 쇄신해야 한다. 기존 틀에 연연하여 혁신을 못 하면 모처럼의 좋은 기회를 놓치게 된다.
 어떤 일에나 중심적인 지위를 차지한다. 여러 사람 가운데 우두머리가 되어 이끌어 나가야 한다. 대중의 뜻을 포용하고 화목한 분위기만 조성해 나간다면 꿈이 실현된다.
 鼎은 새롭게 한다는 뜻이 있다. 그러나 겉의 솥을 새롭게 바꾸는 것이 아니라 솥 안의 음식물만 새롭게 하는 것이니 전체가 다 바뀌는 것은 아니다. 장사를 하는 것에 비유하면, 취급품목이나 거래처만 바꾸어 보다 안전하고 실속있게 이익을 추구한다. 그러나 자신만 이득을 보려하지 말고 상대방의 이득도 배려해야 한다.
 솥 안에서 음식을 익혀 자신을 비롯한 여러 사람을 먹이니 어찌 덕이 되고 공이 되지 않겠는가? 시간이 지날수록 좋게 되는 운이다. 괘사에서 정은 크게 형통하다(元亨)고 했다.

51. 중뢰진(重雷震)

☞ 우레 소리가 사방에 진동, 활동, 크게 발전, 만물을 크게 진작(振作)시킴, 위엄을 떨침, 실속 없다, 반성(反省)

震 亨 震來虩虩 笑言啞啞. 震驚百里 不喪匕鬯
진 형 진래혁혁 소언액액. 진경백리 불상비창
진은 형통하고 우레가 치니 깜짝 놀라고 웃는 소리가 깔깔거린다. 우레가 백 리를 놀라게 해도 제사 지내는 숟가락과 술잔을 잃지 않는다.

초구) **震來虩虩 後 笑言啞啞 吉** 진래혁혁 후 소언액액 길
우레가 치니 깜짝 놀라고 뒤에 웃는 소리가 깔깔거리니 길하다.

육이) **震來厲 億喪貝 躋于九陵 勿逐 七日得**
　　　진래려 억상패 제우구릉 물축 칠일득
우레가 치니 (올라오는 초구 때문에) 위태함이라, 재물을 잃을 것을 염려해서 구릉[높은 언덕]에 오름이니 쫓지 않아도 (스스로 중정의 덕을 지키면) 7일 만에 얻는다.

육삼) **震蘇蘇 震行 无眚** 진소소 진행 무생
우레에 까무러졌다가 깨어남이니 움직여 행동하면 재앙이 없다.

구사) **震遂泥** 진수니
(중정을 얻지 못하고 네 음 가운데 있으니) 우레가 드디어 빠진다.

육오) **震往來厲 億 无喪有事** 진왕래려 억 무상유사
우레가 치고 가니 위태함이라, 잘 헤아려 일을 망치는 것이 없다.

상육) 震索索 視矍矍 征凶 震不于其躬 于其隣 无咎 婚媾有言
 　　　진삭삭 시확확 정흉 진불우기궁 우기린 무구 혼구유언
우레가 사라졌으나 (놀라서) 눈을 두리번거리니 나아가면 흉하고, 본인 스스로 움직이지 말고 이웃에 맡기면 허물이 없고, (같은 음인 육삼과) 혼인하면 허물의 말이 있다.

　진(震)은 '진동하다, 위엄을 떨치다, 발분하다'의 뜻이다. 하늘에서 우레 소리만 연달아 울려오고 비가 오지 않는 형상에 비유되어 이름만 크고 실속은 없다는 의미가 포함된다.
　상(象)에 이르기를, 우레가 거듭됨이 진이니 군자가 이로써 자신에게 잘못이 있는가를 놀라고 두려워하여 수양하고 반성한다(象曰 洊雷 震 君子 以 恐懼修省).
　자신을 한 번쯤 반성해볼 필요가 있다. 운세가 매우 강한 듯하지만 실속에 비해 소문이 크다. 괜히 들떠 큰일을 하겠다고 야단법석을 떨지만 소득이 별로 없다. 그러나 나쁜 괘는 아니다. 분수에 맞도록 일을 진행해 나간다면 생각보다 몇 배 이상의 성과를 거둘 수도 있다.
　천지가 진동(震動)함에 만인이 두려워한다. 그 무서움이 지나면 안도의 웃음을 짓는다. 사람의 활동에도 늘 두려워하고 조심하여야 나중에 결과가 웃음으로 나오는 것이다.
　분발해서 적극적으로 움직이는 때이나 잘못 급히 움직여 실패할 수가 있으니 조심해야 한다. 놀랄 일이나 급격히 벌어지는 일이 있고, 혹 도난을 당한다. 열심히 하나 상대방이 잘 움직여 주지 않고, 혹 해를 끼칠 수 있으니 주의해야 한다. 장남이 제주(祭主)가 되고 가통을 잇는다.
　진은 우레가 거듭 울려서 만물을 다 진동하여 일어나게 하니 형통하다. 우레가 떨쳐 옴에 두려워하여 자신을 반성하고 조심스럽게 행하면 능히 안녕과 여유가 있게 되어 안도하는 웃음소리가 나니 우레가 크게 떨쳐서 놀라더라도 진실한 마음을 잃지 않는다.

52. 중산간(重山艮)

☞ 산 넘어 산, 첩첩산중, 그침, 지체, 막힘,
  저지당함, 정지(停止), 멈춤, 수양, 수도자(修道者)

艮其背 不獲其身 行其庭 不見其人 无咎
간기배 불획기신 행기정 불견기인 무구
그 등에 그치면 그 몸을 얻지[보지] 못하며, 그 뜰에 가더라도 그 사람을 보지 못하여 허물이 없다.

초육) **艮其趾 无咎 利永貞** 간기지 무구 이영정
발꿈치에 그치니 허물이 없고 오래도록 바르게 하면 이롭다.

육이) **艮其腓 不拯其隨 其心不快** 간기비 불증기수 기심불쾌
종아리에 그치니 (구삼을) 돕지 못하고 그냥 따를 뿐이라 (육이의) 마음이 불쾌하다.

구삼) **艮其限 列其夤 厲 薰心** 간기한 열기인 려 훈심
허리에 그치고 등뼈가 끊어지는 듯한 위태로움에 마음이 찌는 듯[불안]하다.

육사) **艮其身 无咎** 간기신 무구
몸통에 그치니 허물이 없다.

육오) **艮其輔 言有序 悔亡** 간기보 언유서 회망
볼에 그치고 말에 차례(조리)가 있으니 후회가 없어진다.

상구) **敦艮 吉** 돈간 길

돈독하게 그치니 길하다.

　간(艮)은 '멈추다'의 뜻으로, 산 너머 또 산이 있는 것과 같아 나아가기가 힘들어 멈춘다. 상(象)에 이르기를, 산이 겹겹이 있어 서로 교통하지 못하는 것이 간이니, 군자가 이러한 상을 보고 본디 처해 있는 그 자리에서 본분을 지키는 것이다(象曰 兼山 艮 君子 以 思不出其位).
　앞길이 산 너머 산이다. 능력은 모자라고 해야 할 일은 태산과 같다. 어차피 피할 수 없는 일이니 일을 해나가야 하겠으나 힘과 시간이 모자란다. 그렇다고 급히 서둘러서는 아무 것도 안 된다.
　산처럼 굳건한 신념과 정신력을 갖고 한걸음 뒤로 물러서 일에서 손을 뗀 뒤 다시 정비하여 재도전한다면 난관을 극복하고 애쓴 보람이 있다.
　산이 중첩되어 있는 상이다. 내외괘가 모두 산이고, 내호괘로 물이 있어 나무가 모여 자란다. 그쳐서 움직이지 않는 덕이 있어 저절로 빛이 나며 그침과 행함에 때를 맞추어 하니 자기 분수를 벗어나지 않는다. 움직여서 행하면 무엇인가 성사될 것 같지만 그때마다 꺼리는 것이 생겨 움직이지 못한다.
　중후하게 그쳐 있는 상이므로 수도자에게는 길한 괘이지만 일반인에게는 첩첩산중에 지체되어 막히는 운의 괘이다. 그러나 점차 좋아지는 뜻이 있으니 서서히 진출 기회를 기다리되 한 가지 일에만 전심전력해야 한다.
　상하로 지극히 그친 상이므로 삼매경(三昧境)에 들어선 것이다. 지게를 짊어지면 그 등을 볼 수 없듯이(艮其背 不獲其身) 잡된 생각이 없는 상태이므로 밖으로 행하여도 외물(外物)에 이끌리지 아니하여 사람을 보지 못하는(行其庭 不見其人) 격이어서 허물이 없다.

53. 풍산점(風山漸)

☞ 나무가 산 위에서 자란다, 점진적 성과, 완만,
  출가, 시집, 혼인을 앞둔 여성

漸 女歸 吉 利貞 점 여귀 길 이정
점은 (艮소남이 먼저 청혼하고 巽장녀가 이에 응하여) 여자가 시집을 가는 것이 길하니 바르게 하는 것이 이롭다.

초육) **鴻漸于干 小子厲 有言无咎** 홍점우간 소자려 유언무구
기러기가 물가에 나아가니 소자(小子)는 (앞길을 예측하지 못해) 위태해서 하는 말이 있지만 (나아가는데 잘못은 없으니) 허물이 없다.

육이) **鴻漸于磐 飮食衎衎 吉** 홍점우반 음식간간 길
기러기가 반석에 나아가니 먹고 마시는 것이 기쁘고 기뻐서 길하다.

구삼) **鴻漸于陸 夫征不復 婦孕不育 凶 利禦寇**
      홍점우륙 부정불복 부잉불육 흉 이어구
기러기가 뭍에 나아가니 지아비[구삼]가 가면 돌아오지 못하고, 지어미[육사]가 잉태하여도 기르지 못하여 흉하니 도적을 막는 것[초육·육이와 더불어 본분을 지키는 것]이 이롭다.

육사) **鴻漸于木 或得其桷 无咎** 홍점우목 혹득기각 무구
기러기가 나무에 나아가니 혹여 평평한 가지를 얻으면 허물이 없다.

구오) **鴻漸于陵 婦三歲不孕 終莫之勝 吉**
      홍점우릉 부삼세불잉 종막지승 길
기러기가 언덕에 나아가니 지어미가 3년 동안 잉태하지 못하나 마침내

(구삼과 육사가) 이기지 못하므로 길하다[원하는 것을 얻는다].

상구) 鴻漸于陸 其羽 可用爲儀 吉 홍점우규 기우 가용위의 길
기러기가 하늘에 나아가고 그 깃이 모범이 될 만하니 길하다.

  점(漸)은 '점점 나아가다, 점점 커 가다'로 순서를 밟아 점점 나아간다는 뜻으로, 나무가 산 위에 뿌리를 박고 점차 자라나는 상이다.
  상(象)에 이르기를, 산 위에 나무가 서 있는 것이 점이니, 군자는 이를 본받아 어진 덕으로써 점차 선한 풍속[미풍양속]이 실현되도록 한다(象曰 山上有木 漸 君子 以 居賢德 善俗).
  한꺼번에 큰 성과를 얻으려 하지 말고 한줌의 흙을 모아 성벽을 쌓듯이 차분하고 꾸준하게 전진해 나가야 한다.
  큰 강물도 작은 시냇물이 모여 이뤄지는 것이요, 천 리 길도 한 걸음부터 시작해서 도달한다는 교훈을 유념하면서 조금씩 목적을 향해 나아간다면 마침내 큰 성과를 이룰 것이며 그동안 기울인 노력의 성과를 빠짐없이 거둘 것이다.
  나무가 산 위에서 호괘(互卦) 불과 물을 조화롭게 얻어 점진적으로 성장하니 적은 것을 쌓아 큰 것을 이룬다. 과거에 부진했던 일은 이제 막 풀리기 시작하는 때이다. 신용과 지위가 높아지는 때이다.
  예정보다 조금 늦어지더라도 근심치 말고 끈기 있게 노력하면 성공한다. 이성 문제 특히 혼사에 있어서는 예의에 어긋나지 않도록 정도(正道)를 따라야 한다. 여자는 대례(大禮)의 절차를 밟아 시집가고, 공부하던 사람은 과거급제하여 출세한다.
  점(漸)은 나아가는 것, 때와 차례를 잃지 않고 나아가는 것, 여자가 시집가는 것이다. 산 위에 나무가 있으니 나무가 높은 것은 산이 있기 때문이다.

54. 뇌택귀매(雷澤歸妹)

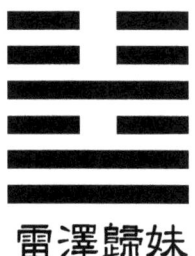

☞ 누이동생을 시집보냄, 부적절한 관계, 애정 문제, 계산적인 결혼, 정략결혼, 첩·재취로 시집감, 부정(不正)

歸妹 征凶 无攸利 귀매 정흉 무유리
귀매(누이동생을 시집보냄)는 (兌소녀가 震장남을 기뻐하며 좇아가는 것이다. 기쁨만 좇아서 계속) 나아가면 (아내의 도를 잃게 되어) 흉하니 이로울 바가 없다.

초구) **歸妹以娣 跛能履 征吉** 귀매이제 파능리 정길
누이동생을 첩(재취)으로 시집보내는데 (정실부인을 도와서 잘 따르면) 절름발이가 걸을 수 있듯이 나아가면 길하다.

구이) **眇能視 利幽人之貞** 묘능시 이유인지정
애꾸눈이 볼 수 있듯이 (정응인 육오 여왕이 유약하므로 여왕을 도와 큰 일을 하기보다는) 은거하는 수도자의 올바름이 이롭다.

육삼) **歸妹以須 反歸以娣** 귀매이수 반귀이제
(행실도 불순하고 스스로 못난) 누이동생을 기다렸다가 시집보내는데 오히려 첩(재취)으로 시집보낸다.

구사) **歸妹愆期 遲歸有時** 귀매건기 지귀유시
누이동생을 시집보내는데 기약을 어기는 것이니 (좋은 짝을 만날) 때를 기다렸다가 시집보낸다.

육오) **帝乙歸妹 其君之袂 不如其娣之袂良 月幾望 吉**
　　　제을귀매 기군지몌 불여기제지몌양 월기망 길

제을이 누이동생을 시집보내는데[귀한 신분의 여자 육오가 아래로 구이와 응하니 어진 신하에게 시집가는데] 인군(人君·여왕·육오)의 옷소매가 첩의 소매 좋은 것만 같지 못하니[中德을 잃지 않고 검소하게 하여 시집가면] 달이 거의 보름인[음기가 가득 찬] 것과 같아서 길하다.

상육) **女承筐无實 士刲羊无血 无攸利** 여승광무실 사규양무혈 무유리
여자가 광주리를 이는데 열매가 없고, 선비가 양을 찌르는데 피가 없으니 이로운 바가 없다.

　귀매(歸妹)는 정상적인 상대끼리가 아닌 남녀의 결합을 의미한다. 나이 어린 소녀가 나이 많은 남자에게 시집가는 형상이다. 상(象)에 이르기를, 군자는 이로써 신의가 있으면 오래할 수 있고(永終), 잘못이 있으면 망하게 되는 것을 깨닫는다(象曰 澤上有雷 歸妹 君子 以 永終知敝).
　남녀가 결합하는 것은 인생의 첫출발이다. 귀매괘는 첫출발부터 잘못되었음을 지적한다. 첫출발의 중요성을 일깨어 주는 것으로서 사업 착수·혼인 등 매사를 첫걸음부터 신중하게 내딛어야 한다는 뜻이다.
　기분에 치우쳐 경솔하게 처신하는 일을 삼가야 한다. 남녀가 만나면 우선은 너무 즐겁고 황홀하다. 그러나 결합해서는 안 될 사람끼리의 만남이라면 평생을 두고 후회하게 된다. 일시적인 감정에 치우치지 말고 긴 안목으로 미래를 내다보고 실행해야 한다.
　어린 소녀가 나이 많은 남자에게 일시적으로 기뻐하며 따르다 혼례도 없이 시집간다. 여자는 재혼이거나 후실·첩으로 가는 것이다. 생각지 않은 재난, 특히 남녀의 애정 문제가 노출되어 장애를 일으킨다. 대체로 떳떳하지 못한 관계이다. 일시적인 만족을 추구하다가는 더 큰 위험을 초래한다.
　젊은 여자가 장남을 따르는 것이다. 나이 많은 남자의 동함을 보고 젊은 여자가 기뻐하며 남자를 따르는 것이다. 구이로부터 육오에 이르기까지 모두 정(正)을 얻지 못하고 그 위(位·자리)가 마땅치 않으므로 흉하다.

55. 뇌화풍(雷火豊)

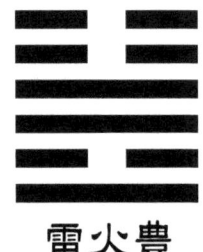

☞ 보름달, 중천에 뜬 해(日中光明), 풍요, 풍성,
후쇠(後衰), 하락, 겸허

豊 亨 王假之 勿憂 宜日中 풍 형 왕격지 물우 의일중
풍은 (천하를 밝혀서 온 천하에 그 이름이 진동하며 만물이 풍성하여) 형통하니, 성왕(聖王)이어야 이런 정치를 펼 수 있고, 근심치 말고 믿으면 해가 중천에 뜬 것처럼 마땅히 밝게 된다.

초구) **遇其配主 雖旬 无咎 往有尙**
　　　　우기배주 수순 무구 왕유상
그 짝이 되는 주인[구사]을 만나서 대등하게 하여 (서로 도우니) 허물이 없으며, (또 서로 도우면서) 나아가니 (그 의리가) 숭상할만하다.

육이) **豊其蔀 日中見斗 往得疑疾 有孚發若 吉**
　　　　풍기부 일중견두 왕득의질 유부발약 길
그 포장[덮개]이 풍성함이라 대낮에도 별을 보니 나아가면 의심과 질투를 받고, 믿음을 두어 뜻을 펴나가면 길하다.
(中正의 덕이 있으나 위로 육오가 유약하여 함께 하지 못하니 그 어둠이 한낮에도 별이 보일 정도로 깊다. 이럴 때 육오를 찾아가 구하면 반드시 의심받아 질투를 당할 것이므로 中正의 충실한 믿음으로써 대하다 보면 그 뜻이 미치게 되어 길하다)

구삼) **豊其沛 日中見沬 折其右肱 无咎**
　　　　풍기패 일중견매 절기우굉 무구
그 장막에 풍성함이라 대낮에도 작은 별을 보고 오른팔을 끊으니 허물할 데가 없다.

(바름[正]을 얻고 위로 상육과 응(應)이 되어 함께 하므로 같이 도와 풍성함을 이루고자 하지만, 구사에 가리어진 바가 되어 한낮에도 작은 별을 볼 수 있을 정도로 어두워졌는데도 자신의 힘만을 믿고 가다가 그 오른팔을 잘리었으니 쓰이지 못하게 되었다. 자신의 교만으로부터 얻은 화(禍)이니 다른 사람에게 허물할 데가 없다)

구사) **豊其蔀 日中見斗 遇其夷主 吉**
　　　풍기부 일중견두 우기이주 길
그 포장[덮개]이 풍성함이라 (육오 임금이 우매하여 그 어둠이 깊어서) 대낮에도 별을 보니, 만일 대등한 주인[초구]을 만나면 (풍성함의 때를 이루니) 길하다.

육오) **來章 有慶譽 吉** 내장 유경예 길
빛난 것[하괘인 리(離)의 세 효, 특히 육이]을 오게 하면 경사와 명예가 있어서 길하다.

상육) **豊其屋 蔀其家 闚其戶 闃其无人 三歲不覿 凶**
　　　풍기옥 부기가 규기호 격기무인 삼세부적 흉
(풍성함이 지극한 때에 있어서) 그 집을 풍성하게 하고 그 집을 포장으로 덮음이라, 그 집 문으로 엿봐도 고요하고 사람이 없어서 삼 년이 지나도 보지 못하니 흉하다.

　풍(豊)은 '풍족하다, 가득 차다'의 뜻으로 한껏 둥근 보름달과 같고, 태양이 한복판에 떠 있는 왕성한 운세이다. 그러나 하늘은 가득 찬 것을 미워하여 달은 둥글면 이지러지고 중천에 걸린 태양은 서서히 서산을 향해 기울어간다.
　상(象)에 이르기를, 우레와 번개가 다 이른 것이 풍이니, 군자는 이로써 송사를 공정하게 판결하고 형벌을 바르게 다스린다(象曰 雷電皆至 豊 君

子 以 折獄致刑).

　천지가 가득 찼다가 텅 비어 없어지는 이치를 깨달아 이제부터는 내리막길이 될 수 있음을 생각해서 겸허한 마음으로 양보하고 재물을 풀어 의로운 일에 쓰며, 자신의 직위를 후배나 유능한 사람에게 양보하는 등 한 걸음 뒤로 물러선다는 자세로 처신하면 앞으로 닥쳐올 재앙과 좌절을 미연에 방지할 수 있다.

　현재 흉운(凶運)은 아니다. 풍족하다는 의미가 있는 만큼 당장은 아쉬울 것이 없고 좋다. 다만 현 상태가 오래 지속되기 어렵다.

　요란하고 해가 중천에 뜬 큰 밝음(日中光明)이다. 지도자가 나와 풍대함을 다스린다. 외면상으로는 풍부해 보이나, 점차 쇠운이 올 것을 경계해야 한다. 정신적 풍요와 종교적 수양은 길하나 물질적인 면은 재앙을 부를 우려가 있으므로 이를 다스릴 밝은 지도자가 나와야 한다.

　표면적으로는 진동(震動)과 리명(離明)으로 화려하고 밝게 활기를 띠나 호괘가 대과(大過)이므로 걱정과 내분이 잠재해 있다. 따라서 불의의 재앙이나 구설을 조심해야 한다. 일이 많이 생기는 때이므로 목적의 일부터 빨리 처리해야 한다.

56. 화산려(火山旅)

☞ 산불, 떠돌이, 나그네, 여행(객), 방랑자, 노마드(nomad, 유목민·방랑자), 불안정, 잠시 떠돌다

旅 小亨 旅貞 吉 려 소형 여정 길
려는 조금 형통하고 나그네가 바르게 해서 길하다.

초육) **旅瑣瑣 斯其所取災** 여쇄쇄 사기소취재
나그네가 (의지할 데 없이 떠돌다가) 지치고 쇠약해지니 그 재앙을 취한다.

육이) **旅卽次 懷其資 得童僕貞** 여즉차 회기자 득동복정
나그네가 (유순 중정한 덕이 있으니) 여관에 들어가서 노자를 품으며 어린 종의 바름을 얻는다(거처할 곳과 여비 그리고 사람의 마음까지도 얻어 여유가 있고 편안해지니 허물이 없다).

구삼) **旅焚其次 喪其童僕貞 厲** 여분기차 상기동복정 려
나그네가 그 여관을 불사르고, 아이 종의 바름을 잃으니 위태하다.

구사) **旅于處 得其資斧 我心不快** 여우처 득기자부 아심불쾌
나그네가 거처하게 되고 노자와 도끼(도구)를 얻었으나[나그네로서는 부족한 것이 없으나] 내 마음은 불쾌하다[구사는 '려'의 때를 구제하고자 하는 뜻이 있으나 다스릴 만한 자리를 얻지 못해 그 뜻을 펴지 못하므로 안타깝다].

육오) **射雉一矢亡 終以譽命** 사치일시망 종이예명

(상구와 구사 양효에게 순응하여 그 뜻을 얻으니) 꿩을 쏘아 한 화살로 잡음이라 마침내 명예와 복록이 있다.

상구) 鳥焚其巢 旅人 先笑後號咷 喪牛于易 凶
　　　조분기소 여인 선소후호도 상우우이 흉

새가 그 둥지를 불태우니 나그네가 먼저는 웃고 뒤에는 울부짖음이라, (유순한 가축인) 소마저도 쉽게 잃으니 흉하다.

　려(旅)는 '나그네'란 뜻으로 심신을 안정하지 못하고 피로에 지친 모습이다. 상(象)에 이르기를, 산 위에 불이 있는 것이 려니, 군자는 이를 보고 신중하게 형옥을 밝혀 잠시라도 억울하게 옥살이하는 사람이 없도록 해야 한다(象曰 山上有火 旅 君子 以 明慎用刑 而不留獄).
　산등성이의 불이 이리저리 옮겨 다니니 한곳에 거처하지 않고 떠돌아다니는 나그네의 삶이다. 바르게 처신하면 조금 형통하다. 수도자나 여행객에게는 괜찮다.
　만사가 뜻대로 되지 않으니 현상 유지를 제일 목표로 하여 신규 사업이나 확장 등 분수 외의 욕심은 부리지 말아야 한다. 여행이나 이사 등 옮겨가는 일, 외교관이나 사람을 접대하는 일, 정신적 수양을 쌓는 일에는 길하나 물질적으로 축적하는 일은 안 된다.
　현재 외롭고 고달프다. 남이 나를 알아주지 않고 답답하기만 하다. 금전 문제로 타격을 받는다. 나그네란 언젠가는 따뜻한 가정으로 돌아오는 법, 머지않아 심신의 안정을 찾을 것이다.
　먼 곳으로 여행을 떠나거나 유학 또는 해외 출장을 가는 사람은 여정(旅程)이 순조롭다. 발명가나 문학가가 려괘를 얻으면 새로운 아이디어가 떠오른다. 외교관이나 무역·영업원, 사람을 접대하는 일에는 길하다. 남방과 동북방에 인연이 있다.

57. 중풍손(重風巽)

☞ 들판에 바람이 분다, 겸손, 순종, 독립성 결여,
  다시 되돌아 감(重復)

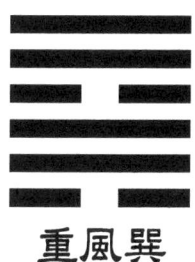

巽 小亨 利有攸往 利見大人 손 소형 이유유왕 이견대인
손은 조금[초육·육사의 두 음(陰)이] 형통하니 가는 바를 두면 이로우며, 대인[구이·구오]을 보면 이롭다.

초육) **進退 利武人之貞** 진퇴 이무인지정
나아가고 물러나니 무인의 바름이[강한 바름으로써 뜻을 세우면] 이롭다.

구이) **巽在牀下 用史巫紛若 吉无咎** 손재상하 용사무분약 길무구
겸손해서 평상 아래에 있으니 사(史)와 무(巫)를 쓰듯이 지극 정성으로 행해나가면 길하고 허물이 없다.

구삼) **頻巽 吝** 빈손 인
자주 겸손하니[애써 겸손하고자 하나 과강하고 교만하여 그 뜻을 자주 잃으므로] 인색하다.

육사) **悔亡 田獲三品** 회망 전획삼품
후회가 없어지니 사냥하여 삼품을 얻었다[손괘의 도를 다하였다].

구오) **貞吉 悔亡 无不利 无初有終. 先庚三日 後庚三日 吉**
    정길 회망 무불리 무초유종. 선경삼일 후경삼일 길
바르게 하면 길해서 후회가 없어져 불리함이 없으니 처음은 없고 마침은 있다. 경(庚)에서 먼저 3일[丁]하고, 경(庚)에서 뒤로 3일[癸]하면 길하다.

상구) **巽在牀下 喪其資斧 貞凶** 손재상하 상기자부 정흉
겸손해서 평상 아래에 있으니 그 재물과 권력을 잃으니 고집해서 흉하다.

　손(巽)은 산들산들 부드럽게 부는 바람이다. 바람은 순종을 잘한다. 이리 불다가 저리 불고 어찌 보면 주체성이 없이 남을 잘 따르는 사람에 비유된다.
　상(象)에 이르기를, 따르는 바람이 손이니, 군자는 이로써 인군(人君)의 명을 받들어 백성에게 다시 명을 펼침으로써 정사(政事)를 행하는 것이다 (象曰 隨風 巽 君子 以 申命行事).
　일음(一陰)이 이양(二陽)의 아래에 있어 양을 겸손하게 따르는 것이 손괘이다. 겸손하고 순종하며 받아들인다는 뜻이다. 여성이라면 자포자기에 빠져 함부로 몸을 허락할 우려가 있다. 정신을 바짝 차리고 평소의 정상적인 태도로 되돌아가야 한다.
　손괘를 얻으면 현재 흔들리고 있다. 확고부동한 신념이 없이 이리저리 유혹에 넘어가고 있다. 그만큼 자신이 없다. 좋지 못한 사람의 꼬임에 빠져 크게 낭패를 당할 우려가 있다.
　내외가 바람을 따르는 상으로 인군(人君)과 신하가 한마음으로 정사를 돌보니, 계속해서 새롭고 보람된 일이 행해진다. 작은 일은 뜻대로 되나 일생을 건 큰일이나 신규 사업은 잘되지 않는다.
　자신을 도와주는 훌륭한 사람을 만나면 한 번쯤 큰일을 도모할 만하다. 숲·재목·선풍기·바람 등과 아름다운 풍속이 이에 속한다. 돌발 사태나 사업 변경수가 있으니 도난을 경계하고 새로운 일에 대비해야 한다. 조금 형통하니 일을 행하는 것은 괜찮으나 대인을 만나 도움을 받아서 하는 것이 좋다.

58. 중택태(重澤兌)

☞ 달이 못에 비친다, 비가 만물을 적신다, 소녀들, 즐거움, 기쁨, 겸손, 성실, 춘풍득의(春風得意)

兌 亨 利貞 태 형 이정
태는 형통하니 (기쁨으로써 상대방을 대하되 바름이 없다면 문란해져 그 도가 무너지므로) 바르게 함이 이롭다.

초구) **和兌 吉** 화태 길
화합해서 기뻐함이니 길하다.

구이) **孚兌 吉 悔亡** 부태 길 회망
믿음이 있어서 기뻐함이니 길하고 후회가 없어진다.

육삼) **來兌 凶** 내태 흉
내려와서 기뻐함이니[음유하고 부중정한 육삼이 아래로 내려와 구이와 초구에게 감언으로 기쁨을 구하니] 흉하다.

구사) **商兌未寧 介疾 有喜** 상태미녕 개질 유희
계산하고 헤아리며 기뻐해서 편안하지는 못하지만 분별해서 미워하면 기쁨이 있다.

구오) **孚于剝 有厲** 부우박 유려
깎는 데도 믿음이 있으면 위태로움이 있다[강건한 양이 중정(中正)한 자리에 있으나 기뻐함의 극에 있는 상육과 상비(相比) 관계에 있으니 자칫 방심하면 위태롭게 된다].

상육) 引兌 인태

이끌어서 기뻐함이다[기쁨이 다하면 흩어지기 마련인데 이를 모르고 아래로 구오·구사 두 양을 이끌어서 기쁨을 구하니 빛나지 못한다. 또한 강건 중정한 구오가 이를 절제하므로 실제로도 기쁨이 없다].

　태(兌)는 즐거움, 소녀(少女)라는 뜻과 통한다. 이러한 태가 위아래로 겹쳐 있으니 천진난만한 소녀들끼리 모여 즐겁게 노는 모습이다. 그런데 소녀들이란 철모르는 사춘기인지라 감수성만 예민할 뿐 세상 물정에 대해서는 잘 모르고 있어 자칫 기분에 치우쳐 일을 그르치거나 달콤한 유혹에 빠져 잘못될 우려가 다분히 있다. 이성 문제에 절제가 필요하다.
　상에 가로되 걸린 못이 태이니 군자가 이를 본받아서 붕우와 더불어 학문을 익힌다(象曰 麗澤 兌 君子 以 朋友講習).
　두 못이 붙어서 서로 침윤(浸潤)함으로써 물의 높이가 같아지는 상을 군자가 보고, 벗이 서로 토론하여 이치를 밝게 하고(수준을 같이 높이고) 이것을 반복하여 체득하는 것이다. 벗이 서로 경쟁하며 공부하는 상(朋友講習)이며, 화열(和悅)로 사람을 대하며 상호 화친한다.
　태괘는 사업에 좋다. 선전을 요하는 사업에는 더욱 좋다. 성실한 태도로 인화(人和)에 힘쓰면서 선전 활동을 하면 큰 성과를 거둔다. 재정적으로는 길한 운이나 과욕을 부리면 남녀관계를 비롯한 대인관계에서 구설수가 따른다.
　작은 일은 기쁨이 있으나 큰일은 유약한 성격 때문에 중도에서 그만두는 등 의지가 부족하다. 다른 사람의 감언이설에 주의해라. 외유내강의 자세를 견지하며 겸손과 예의(禮)로써 성실하게 처신하면 타인의 공감을 얻어 점차 발전하게 된다.
　표면상으로는 그럴듯하지만 안으로는 진실성이 부족한 경우가 많다. 지금 하는 일보다 더 크게 일을 벌이고 싶으나 힘이 부족하여 포기한다. 그러나 설사 뜻대로 다른 일을 확장해도 별 성과가 없다는 것을 깨닫게 된다.

항상 조심스럽게 언행하고, 기분에 치우쳐 경솔한 일을 범하지 않도록 할 것이며 감언이설에 넘어가지 말아야 한다. 그리고 현재 허영심에 들떠 있다. 으쓱하고 뽐내고 싶은 기분에 젖어 결과적으로는 무익한 일에 시간과 자금을 낭비하기 쉽다.

특히 이성 문제로 들떠 있다. 그래서 마땅히 처리해야 할 일을 등한시하고 있다. 쓸데없는 자기 자랑을 하지 말고 겸허한 태도를 보여 남에게 위화감을 주지 않아야 한다.

59. 풍수환(風水渙)

☞ 물 위에 부는 봄바람, 희망, 문제 풀림, 고난 해소, 흩어짐, 분열, 분기(分岐)

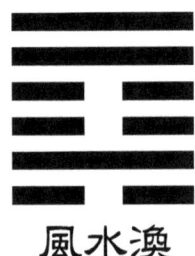

渙 亨 王假有廟 利涉大川 利貞
환 형 왕격유묘 이섭대천 이정
환은 형통하니 왕이 종묘를 둠에 지극하며, 큰 내를 건넘이 이로우니 바르게 함이 이롭다.

초육) 用拯 馬壯 吉 용증 마장 길
(유약하나 뜻은 강해서 흩어지는 때를) 구원하고자 하고 말이 건장하니 [강중(剛中)한 구이를 유순하게 따라 행하니] 길하다.

구이) 渙 奔其机 悔亡 환 분기궤 회망
흩어지는 때에 그 책상으로[상비(相比)관계인 초육에게로] 달려가면 후회가 없어진다.

육삼) 渙 其躬 无悔 환 기궁 무회
흩어지는 때에 제 몸만은[중정(中正)을 얻지 못한 유약한 재질이어서 천하의 흩어짐은 구제하지 못하지만 상구와 정응(正應)이 되니 자신의 흩어짐은 구제하게 되어] 후회가 없다.

육사) 渙 其群 元吉, 渙有丘 匪夷所思
　　　환 기군 원길, 환유구 비이소사
흩어지는 때에 (구오 왕과) 무리가 되어 크게 길하고, 흩어지는 때에 언덕이 있으니 예사롭게 생각할 바는 아니다[빛나고 큰일이다].

구오) 渙 汗其大號 渙 王居 无咎 환 한기대호 환 왕거 무구
흩어지는 때에 큰 호령을 땀나듯이 하면[흩어진 것을 모음에 혼신의 힘을

다하면] 흩어지는 때에 왕이 해야 할 도리이니 허물이 없다.

상구) 渙 其血去 逖出 无咎 환 기혈거 적출 무구
흩어지는 때에 그 피가 가고 두려움이 나가니[강하면서도 겸손하여 능히 그 험난함을 멀리하고 나오니] 허물이 없다.

　환(渙)은 '흩어지다'의 뜻으로 물 위에 바람이 불어 물에 뜬 나뭇잎이 이리저리 밀려다니는 모습으로 비유된다. 가슴에 울적하게 뭉친 응어리가 풀려 마음이 가벼워진다.

　상(象)에 이르기를, 바람이 물 위에 행함이 환이니, 옛 훌륭한 임금들은 이로써 하늘에 제사를 올리며 종묘(宗廟)를 세워 조상을 위하는데 힘쓴다(象曰 風行水上 渙 先王 以 享于帝 立廟).

　지금까지의 고난이 해소되고 점차 희망이 다가오고 있다. 지금까지 침체되었던 사업을 만회할 수 있는 기회를 맞이했고 높은 지위에 오를 수 있는 때가 왔다. 매사에 절호의 기회가 이른 것이다.

　그러나 '흩어지다'의 뜻도 있으니 잘 되어가던 일이 무산될 가능성도 있다. 초지일관의 굳은 결심과 확고한 신념을 지니고 끝까지 노력을 아끼지 않아야만 무난히 바다를 건너갈 수 있다. 환괘는 바다와 큰 인연이 있으므로 해운업·어업 등에 종사하거나 무역·유학 등의 꿈을 실현하는 데 좋다.

　물 위로 바람이 불듯 배를 타고 물을 건너니 험한 감수에 있으면서도 빠지지 않는 상이다. 물 위로 봄바람이 부니 해동이 되어 흩어진다. 이럴 때 견고하게 중심을 잡지 않으면 정신이 산만해져 좋은 기회를 놓치게 된다.

　흐트러진 마음을 제사를 지내며 하나로 모으면 오히려 전화위복이 된다. 민심이 이반할 때는 훌륭한 지도자가 아랫사람과 협동하여 난국을 헤쳐나가야 하며, 집안 또한 가장의 역할에 달렸다.

　좋지 않거나 뜻대로 되지 않는 일은 풀린다. 그러나 긴장이 풀려 기강이 해이해지고 결속이 약해진다. 금전 손실이나 민심 이탈을 방비해야 하며, 매사를 즉시 처리한다는 마음을 가져야 한다. 흩어지는 때일수록 정성을 모아 잘 이겨나가야 이로운 것이다.

60. 수택절(水澤節)

☞ 연못에 가득 찬 물, 절제, 절약, 절도, 예의범절, 마디, 마감·매듭·마무리

節 亨 苦節 不可貞 절 형 고절 불가정
절은 형통하나 쓴(지나친) 절제는 바르지 못하다[지나치게 절제를 주장하면 큰일을 할 수 없다].

초구) **不出戶庭 无咎** 불출호정 무구
호정(중문 안의 뜰)을 나가지 않으면 허물이 없다.

구이) **不出門庭 凶** 불출문정 흉
문정(대문과 중문 사이의 뜰)을 나가지 않으면[육삼과 사사로이 친밀하여 구오에게 나아가지 않으면 때를 잃게 되어] 흉하다.

육삼) **不節若 則嗟若 无咎** 불절약 즉차약 무구
(스스로) 절제하지 않으면 곧 슬퍼하리니 허물할 데가 없다.

육사) **安節 亨** 안절 형
(바름을 얻고 대신의 자리에서 위로 강건중정한 구오 왕과 상비관계라서) 편안하게 절제하니 형통하다.

구오) **甘節 吉 往有尙** 감절 길 왕유상
즐겁게 절제하니 길하며, 나아가면 (높이) 숭상됨이 있다.

상육) **苦節 貞凶 悔亡** 고절 정흉 회망

쓴(지나친) 절제이니 고집하면 흉하고, 뉘우치면 (흉함이) 없어진다.

절(節)은 '절제·절도·절약'의 뜻이다. 절약하고 절도 있는 생활을 하며 지나친 욕심을 절제하여 순리대로 살아가면 길하다는 의미이다.

상(象)에 이르기를, 못 위에 물이 있는 것이 절이니, 군자는 이로써 고하(高下)·귀천(貴賤)·빈부(貧富)·과다(寡多) 등의 도수를 짓고 이것을 몸소 실천함에 과불급(過不及)이 없었는지 논의한다(象曰 澤上有水 節 君子 以制數度 議德行).

모든 사물과 언행에 지나치고 부족함이 없도록 그 기준을 세운다. 조금도 정도(正道)에 벗어나는 일을 해서는 안 된다. 음식을 절제하지 않으면 병이 생기고, 금전을 절약하지 않으면 고통이 따르고, 나아가고 물러남에 절도 있게 하지 않으면 재앙이 생긴다. 그렇다고 절괘가 나쁜 것이 아니다. 절제·절도·절약을 지키기만 하면 오히려 좋아진다.

연못 위에 물이 과불급 없이 적당하게 가득 차 있다. 매사 절도 있게 하여, 그칠 때 그치고, 나아갈 때 나아간다. 인생만사에 절도가 중요하다. 급진적으로 하는 일은 금하고, 작은 규모로 하니 소심하고 인색하다는 말을 듣는다.

모든 일에 너무 깊이 빠져 들어가는 것을 경계해야 한다. 다른 사람에게 너무 친절을 베풀면 오히려 그것이 화근이 된다. 현재는 어렵고 힘들더라도 단계를 밟아가며 처리하면 점진적으로 성공에 다가간다. 침체되었던 일들이 현재를 고비로 점차 풀린다.

괘사에서 절은 형통하니 쓴(지나친) 절은 바르지 못하다(節亨 苦節不可貞)고 했다. 절도 있게 한계를 그어 가면서 하는 것이 절이니, 능히 절도 있게 하면 형통한 것이다. 그러나 절은 중도를 귀하게 여기므로 지나치게 절을 주장하면 큰일을 이룰 수 없다.

61. 풍택중부(風澤中孚)

☞ 짐승이 새끼를 정성스레 품는다, 믿음, 신의, 감응, 줄탁동시(啐啄同時)

中孚 豚魚 吉 利涉大川 利貞 중부 돈어 길 이섭대천 이정
중부는 돼지와 물고기 같은 미물까지도 믿게 하면 길하니, 큰 내를 건넘이 이롭고 바르게 함이 이롭다.

초구) **虞吉 有他 不燕** 우길 유타 불연
헤아리면 길하니 다른 마음이 있으면 편안하지 않다.

구이) **鳴鶴 在陰 其子 和之. 我有好爵 吾與爾靡之**
명학 재음 기자 화지. 아유호작 오여이미지
우는 학[구이]이 그늘에 있거늘 그 자식[구오]이 화답하도다. 나에게 좋은 벼슬이 있어서 나[구오]와 네[구이]가 더불어 화합한다.

육삼) **得敵 或鼓或罷或泣或歌** 득적 혹고혹파혹읍혹가
적[육사]을 얻어서 혹 두드리고 혹 파하고 혹 울고 혹 노래하도다[갈팡질팡한다].

육사) **月幾望 馬匹亡 无咎** 월기망 마필망 무구
달이 거의 보름이니[대신으로서 왕을 믿고 따라서 그 신임을 얻으니] 말의 짝[사사롭게 만나는 초구]이 없으면 허물이 없다.

구오) **有孚 攣如 无咎** 유부 연여 무구
믿음을 두고서 (백성들을) 이끌 듯이 하면 허물이 없다.

상구) **翰音 登于天 貞凶** 한음 등우천 정흉
나는 소리가 하늘에 오르니 고집부려서[그칠 줄을 모르고 더 올라가는 것을 고집하면] 흉하다.

　중부(中孚)란 '성실한 마음, 믿음'이란 뜻이다. 孚는 발톱이 있는 짐승이 새끼를 정성스레 품고 있는 모습이다. 그래서 지극한 사랑·정성·믿음·화합을 의미한다.
　孚(爪+子)는 마치 어미 닭이 알 속에 들어있는 어린 새끼(子)를 부화하기 위해서 발톱(爪, 손톱 조)으로 이리저리 굴리며 품고 있는 뜻이다. 밖의 강건한 양에 의해 유약한 음이 안으로 길러지는 상으로, 부모 품에서 어린 생명이 자라나는 모습이다.
　상(象)에 이르기를, 못 위에 바람이 있어 부드럽게 어루만지는 것이 중부이다. 군자가 이러한 상을 보고 형옥(刑獄)을 의논하여 잘 판단하며, 죽일 죄에 있어서는 관대한 마음으로 사형집행을 늦춤으로써 사람들의 마음을 얻는다(象曰 澤上有風 中孚 君子 以 議獄 緩死).
　상대방과 의사소통이 잘될 것이다. 남에게 부탁하는 일, 인허가의 신청, 아이디어 발표, 구혼·청혼, 사업의 동업·합자 등 매사에 믿음과 성실로 임한다면 매우 좋은 결과를 얻는다.
　양효가 모두 중(中)을 얻어 굳세게 지키며, 또 그 중심(삼·사효)을 비어 만물을 받아들이는 허심(虛心)이 있으니 믿음이 된다. 근면하고 성실한 언행으로 남의 신임을 받고 원활한 대인관계를 맺는다. 믿음 속에 알이 부화되어 자라고, 배를 타고 바다를 건너더라도 어려움이 없으니, 그 믿음이 새나 미물에까지 미치며 하늘도 감응해 도와준다.
　중부의 괘상이 리(離)괘의 상으로 겉으로 화려하나 속이 비었으니 자칫 실속이 없을 수가 있다. 자기 자신을 너무 고집하지 말고, 현실을 있는 그대로 받아들이면서 오직 성실로써 나아가면 모든 일이 순조로운 운이다.

62. 뇌산소과(雷山小過)

☞ 나무가 단단한 산에 약간 어렵게 뿌리를 내리고 조금씩 생장, 어린 새가 막 날갯짓을 배워서 난다, 분수 지킴(守分), 조금 지나침·허물

小過 亨 利貞 可小事 不可大事 飛鳥遺之音 不宜上 宜下 大吉
소과 형 이정 가소사 불가대사 비조유지음 불의상 의하 대길
소과는 형통하니 바르게 함이 이로우며, 작은 일은 가능하고 큰일은 가능하지 못하니, 나는 새가 소리를 남김에 위로 올라가는 것은 마땅치 않고 아래로 내려오면 크게 길하다.

초육) **飛鳥 以凶** 비조 이흉
(능력도 없이) 날아가려고만 하는 새라 흉하다.

육이) **過其祖 遇其妣 不及其君 遇其臣 无咎**
　　　과기조 우기비 불급기군 우기신 무구
그 할아버지[구사]를 지나서 그 할머니[육오]를 만나고, 그 왕에 미치지 않고 그 신하를 만나면[스스로 신하의 분수를 지키면] 허물이 없다.

구삼) **弗過防之 從或戕之 凶** 불과방지 종혹장지 흉
지나치게 (초육·육오 두 음을) 막지 않으면, (두 음이) 좇아와 혹 해치므로 흉하다.

구사) **无咎 弗過 遇之 往厲 必戒 勿用永貞**
　　　무구 불과 우지 왕려 필계 물용영정
(소과의 때에 강유를 겸비하여) 허물이 없으며, 지나(치)지 않아서 만나니, 나아가면 위태하므로 반드시 경계하며 계속 고집하지 말아야 한다.

육오) **密雲不雨 自我西郊 公弋取彼在穴**
　　　밀운불우 자아서교 공익취피재혈
빽빽한 구름에 비가 오지 않는 것은 내가 서쪽[외호괘 兌方] 교외로부터 함이니, 왕이 구멍에 있는 것을 쏘아서 취하도다.
[아래로 도움을 청하고자 하나 구삼·구사 두 양은 은둔해 숨어 있으므로 육이에게 도움을 요청하지만 육이 또한 음유한 재질이니 큰일을 할 수 없다]

상육) **弗遇 過之 飛鳥 離之 凶 是謂災眚**
　　　불우 과지 비조 리지 흉 시위재생
(정응인 구삼을) 만나지 않고 지나(쳐)가니 (마치) 나는 새가 떠난 것 같아서 흉하니, 이것을 이르되 스스로 재앙을 부른다고 한다.

　소과(小過)는 '조금 지나치다'의 뜻이다. 상(象)에 이르기를, 군자는 행실은 공손하는데 지나치며, 초상은 슬퍼하는데 지나치며, 쓰는 것은 검소하는데 지나치게 한다(象曰 山上有雷 小過 君子 以 行過乎恭 喪過乎哀 用過乎儉).

　무슨 일에나 지나치거나 분수 밖의 일을 도모해서는 안 된다. 자기 능력의 한계를 깨달아서 지나친 욕심을 부리지 말고 조금 부족한 것으로 만족할 줄 알아야 한다. 현재 조금 지나친 처사나 생각을 하고 있음을 일깨워준다.

　소과는 산 위에서 우레가 치니 소심하여 매사 조심하며 점진한다. 작은 새가 이제 막 날갯짓을 배워 나는 상이며, 작은 일은 할 수 있지만 큰일은 할 수 없다. 여자는 길하고 남자는 흉하다. 이제 막 날갯짓을 배운 새가 너무 높이 날다 자신의 둥지를 찾지 못해 헤매는 격이니 과욕은 금물이다. 노고는 많고 공은 적다.

　소과는 산 위에 우레가 있는 것으로, 높은 데서 우레가 떨어지면 그 소리가 평소보다 지나치게 크기 마련이다. 따라서 소과는 평소보다 지나치게 되는 것, 보통 때보다 지나친 것, 작은 일에 지나친 것, 허물이 적은 것의 뜻이다.

63. 수화기제(水火旣濟)

☞ 보름달, 중천에 떠 있는 태양, 모두 해결,
　완성·고정, 강을 건넌 사람, 성취 후 쇠퇴

旣濟 亨小 利貞 初吉 終亂 기제 형소 이정 초길 종란
기제는 (모든 것이 이미 이루어진 때이므로 큰 것은 다 형통하였지만) 작은 것은 아직 형통할 것이 남아있으니, (모든 것이 이미 다 이루어진 상태를) 바르고 굳게 지키는 것이 이로우며, 처음은 길하고 나중은 어지럽다.

초구) **曳其輪 濡其尾 无咎** 예기륜 유기미 무구
그 수레바퀴를 끌어당기며[나아가려는 뜻을 막으며] 그 꼬리를 적시니 허물이 없다.

육이) **婦喪其茀 勿逐 七日得** 부상기불 물축 칠일득
(주효인 유순중정한) 지어미가 그 포장(덮개)을 벗으니 쫓지 않으면 7일만에 얻는다.

구삼) **高宗 伐鬼方 三年克之 小人勿用** 고종 벌귀방 삼년극지 소인물용
(은나라) 고종이 귀방(북방 오랑캐)을 쳐서 3년만에 이기니 소인은 쓰지 말아야 한다.

육사) **繻有衣袽 終日戒** 수유의녀 종일계
(물을 건너는 때이므로) 혹시 물이 샐까 염려하여 걸레를 준비하고 종일토록 경계한다.

구오) **東隣殺牛 不如西隣之禴祭 實受其福**
　　　동린살우 불여서린지약제 실수기복
동쪽 이웃(구오)의 소를 잡음이 서쪽 이웃(육이)의 간략한 제사로 실제로 복을 받는 것만 못하다.

상육) 濡其首 厲 유기수 려
그 머리까지 적시니 위태하다.

　기제(旣濟)는 '이미 이루어졌다, 모든 것이 바르게 다스려졌다'는 뜻이다. 일이 이미 다 이루어졌으니 기쁘고 흡족하다. 한껏 둥근 보름달과 같고 중천에 떠 있는 태양과 같다.
　그러나 세상만사의 이치는 가득 차면 기우는 법, 더 나아 갈래야 나아 갈 수 없는 한계점에 이르렀다. 앞으로는 차츰 현재 상태보다 못하다. 처음에는 길하고 날이 갈수록 서서히 쇠운(衰運)으로 내려가고 있다.
　상(象)에 이르기를, 물이 불 위에 있는 것이 기제이니, 군자는 이로써 앞으로 환란이 있을 것을 예측하여 미리 방지하는 데 힘쓴다(象曰 水在火上 旣濟 君子 以 思患而豫防之).
　지금 가장 왕성한 운에 놓여 있다. 자기 복분(福分)과 능력의 최고점에 이르렀다. 그러므로 앞으로 더 발전적이고 더 큰 야심을 달성하려는 사람에게는 마땅치 않다. 왜냐하면 기제괘는 현재 어느 수준에 도달했나를 막론하고 더이상 발전할 수 없는 한계점에 다다랐기 때문이다.
　앞으로 서서히 후퇴하는 징조를 보이는 괘이니 몸을 도사리고 규모를 줄여서 내실에 힘쓰고 앞으로 닥쳐올지 모를 고난에 미리 대비하는 것만이 최선이다.
　여섯 효의 음양이 모두 정위(正位)를 이루고, 모든 효가 응하며, 수승화강(水昇火降)하여 바르게 다스려지니 만사 성취이다. 그러나 태만은 금물이다. 남녀가 교합하여 사업이 결실을 이루는 괘이다.
　그러나 일시적 성공일 뿐 영구 보존은 어려우니 뒤에 닥칠 환난을 대비해야 한다. 잘못되는 일이 있으면 초기에 전력을 다해 방비해야 한다. 현재 하고 있는 일이 가장 좋은 일이니 이것을 유지하도록 최선을 다해야 한다.
　모든 것이 이루어진 때는 그 상태를 유지하기 위해 바르고 굳게 지키는 것이 이롭다. 모든 것이 이루어진 처음에는 완전하여 길하지만, 이런 상태를 오랫동안 유지하지 못하니 마침내는 어지러워진다.

64. 화수미제(火水未濟)

☞ 강을 건너지 못한 사람, 미흡, 아직 미해결,
  미완성, 새로 시작, 희망, 기다림

未濟 亨 小狐 汔濟 濡其尾 无攸利
미제 형 소호 흘제 유기미 무유리
미제는 형통하나 작은 여우가 거의 건너서 그 꼬리를 강물에 적시니 이로울 바가 없다.

초육) **濡其尾 吝** 유기미 인
그 꼬리를 강물에 적시니 인색하다.

구이) **曳其輪 貞吉** 예기륜 정길
그 수레바퀴를 끌어당기니 바르게 하면 길하다.

육삼) **未濟 征凶 利涉大川** 미제 정흉 이섭대천
미제는 (혼자 힘으로는) 나아가면 흉하니 (다 함께 합심해서) 큰 내를 건너는 것이 이롭다.

구사) **貞吉 悔亡 震用伐鬼方 三年 有賞于大國**
　　　 정길 회망 진용벌귀방 삼년 유상우대국
바르게 하면 길해서 후회가 없어지니, 움직여서 귀방(북방·초육)을 치면 3년 안에 큰 나라(육오)로부터 상이 있다.

육오) **貞吉 无悔 君子之光 有孚 吉** 정길 무회 군자지광 유부 길
바르게 하면 길해서 후회가 없으니, 군자가 빛남은 믿음이 있기 때문에 길하다.

상구) **有孚于飮酒 无咎 濡其首 有孚 失是**
　　　　유부우음주 무구 유기수 유부 실시

술을 마시는 데 믿음을 두면 허물이 없어지나, 그 머리를 강물에 적시면 믿음을 두는데 올바름을 잃는다.
(미제의 때가 이미 극에 이르렀으니 그때를 즐기며 스스로를 지키면 허물이 없으나, 너무 즐거움에 탐닉하면 올바름을 잃어 해롭다)

　미제(未濟)는 '아직 덜 되었다, 아직 다 이루어지지 못했다'의 뜻으로 완성품이 미흡한 상태에 있음을 말한다. 그러나 미제괘가 흉하지 않은 것은 아직 덜 되었다는 것은 앞으로 시일을 기다리면 이루어지므로 그런 때가 온다는 뜻이므로 매우 희망적인 괘다.
　상(象)에 이르기를, 불이 물 위에 있는 것이 미제이니 군자는 이로써 조심성 있게 사물을 분별하여 각각 가장 합당한 자리에 위치하도록 한다(象曰 火在水上 未濟 君子 以 愼辨物 居方).
　위의 불은 위로 올라가고 아래의 물은 아래로 내려가니 음양, 즉 남녀가 화합하지 못한 형상이므로 미제괘라 한다. 그러나 남녀관계란 서로 그리워하는 마음이 있는 것이므로 언젠가는 반드시 화합을 이루게 된다. 비록 현재는 미흡하지만 장차 소망이 반드시 이루어진다.
　불이 위에 있고 물이 아래에 있어 교제하지 못하고, 또 모든 효가 자기 자리[位]를 잃으니 매사에 성공을 바라기 어렵다. 그러나 가고 또 가면 왜 성취하지 못하겠는가? 희망과 인내심을 가져라!
　때가 이를 때까지 무리하지 말고 기다려야 한다. 그렇다고 막연히 두 손을 놓고 앉아 아무런 노력도 없이 그저 운만 기다리라는 뜻은 아니다. 비유컨대 아무리 노력해도 가을이 오기 전에는 익은 벼를 거둘 수는 없다. 그러나 봄에서 여름까지 씨 뿌리고 가꾸지 않는다면 가을이 와도 아무런 거둘 것이 없는 이치와 같다. 노력을 하면서 조용히 때를 기다려라.
　처음에는 좋지 못한 처지이고 고통도 많으며 좌절하기도 쉽다. 그러나 인내와 노력으로써 행복을 추구하면 마침내 형통하게 된다. 남녀가 불화하고 이웃이 친하지 못하니 서로 돕고 이해하는 마음으로 행해야 한다.

괘를 뽑는 방법(시계)

◉ 준비물: 스마트폰, 필기구, 실생활 주역

먼저, 알고자 하는 궁금한 사항에 대해 정신을 집중하고 경건한 마음을 갖는다.
그런 다음, 스마트폰의 시각을 본다. 그 시각을 종이에 옮겨 적는다.
시(時)는 하괘이므로 밑에, 분(分)은 상괘이므로 위에 적는다.

① 하괘: 시(時)를 8로 나누고, 남은 수를 하괘로 삼는다. 오후는 12를 더한 후 8로 나눈다.
☞ 나머지가 0인 경우는 곤(坤)괘로 본다.
예) 오전 5시는 손(巽)괘 / 오전 10시는 10÷8⇒2, 태(兌)괘
오후 4시는 12+4=16÷8⇒0, 곤(坤)괘 / 오후 8시는 12+8=20÷8⇒4, 진(震)괘

오전	시	1	2	3	4	5	6	7	8
	괘	천	택	화	뢰	풍	수	산	지
오전	9	10	11	정오	오후	1	2	3	4
	천	택	화	뢰		풍	수	산	지
오후	시	5	6	7	8	9	10	11	자정
	괘	천	택	화	뢰	풍	수	산	지

② 상괘: 분(分)을 8로 나누고, 남은 수를 상괘로 삼는다
예) 3분은 리(離)괘 / 17분은 17÷8⇒1, 건(乾)괘 / 46분은 46÷8⇒6, 감(坎)괘
☞ 나머지가 0인 경우는 곤(坤)괘로 본다.
예) 48분은 48÷8⇒0, 곤괘 / 정각 00분도 곤괘

③ 동효: 오전·오후 관계없이 시(時)의 수와 분(分)의 끝수를 합한 후 6으로 나누고, 남은 수를 동효로 삼는다. <u>동효는 효의 음양이 바뀐다.</u>
☞ 나머지가 0인 경우는 상효로 본다.

예) 1시 36분은 1+6=7÷6⇒1, 초효 / 5시 43분은 5+3=8÷6⇒2, 2효
10시 25분은 10+5=15÷6⇒3, 3효 / 12시 정각은 12+0=12÷6⇒0, 상효

◐ 오전 2:38
하괘: 2태택 / 상괘: 38÷8⇒6감수
☞ 본괘는 수택절(水澤節)
동효: 2+8=10÷6⇒4효
☞ 지괘는 중택태(重澤兌)

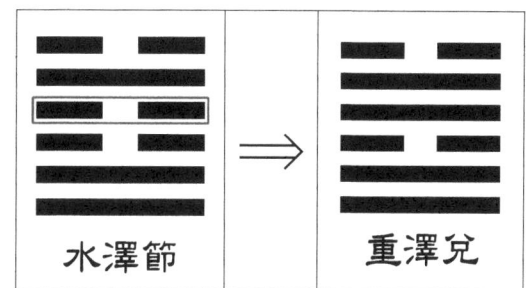

◐ 오전 9:45
하괘: 9÷8⇒1건천 / 상괘: 45÷8⇒5손풍
☞ 본괘는 풍천소축(風天小畜)
동효: 9+5=14÷6⇒2효
☞ 지괘는 풍화가인(風火家人)

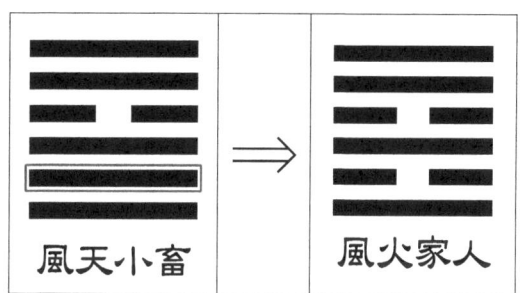

◐ 오후 7:10
하괘: 12+7=19÷8⇒3리화 / 상괘: 10÷8⇒2태택
☞ 본괘는 택화혁(澤火革)
동효: 7+0=7÷6⇒1초효
☞ 지괘는 택산함(澤山咸)

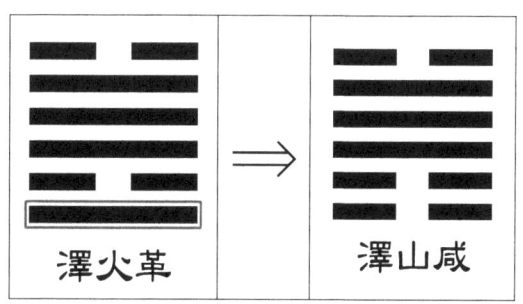

괘를 뽑는 방법(산가지)

◉ 준비물: 산가지 8개, 필기구, 실생활 주역

8개의 대(싸리)나무 가지 등을 구해서 숫자 1(一)~8(八)까지 표시해서 산(筭)가지로 만들어 사용하면 된다.

하괘: 8개의 산가지 중에서 **맨 먼저 뽑은** 산가지의 숫자가 하괘가 된다.

상괘: 하괘로 뽑은 산가지도 **넣고 같이 섞어서 두 번째로 뽑은** 산가지의 숫자가 상괘가 된다.

동효: 상괘로 뽑은 산가지를 **넣고 같이 섞어서 세 번째로 뽑은** 산가지의 숫자가 동효가 된다. 단 **7은 초효(1)**가 되고, **8은 2효**가 된다.
<u>동효는 효의 음양이 바뀐다. 즉 양효는 음효가 되고, 음효는 양효가 된다.</u>

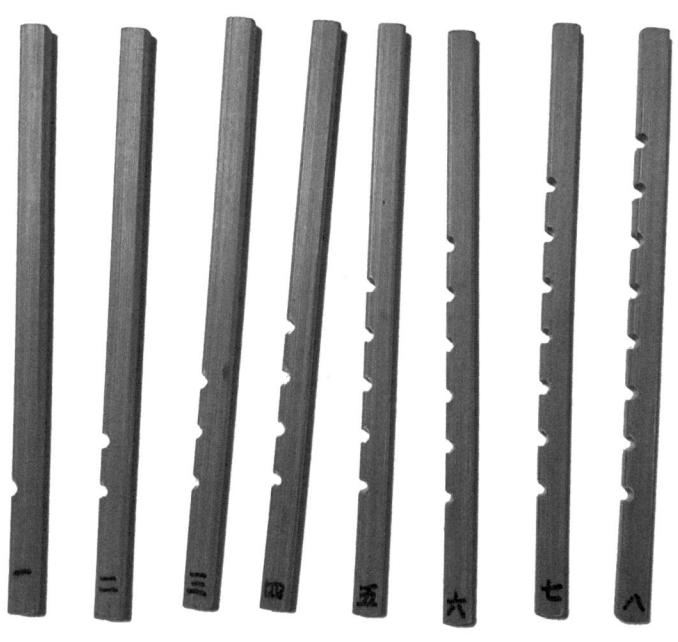

괘를 해석하는 방법(사례)

괘를 뽑아서 처음 나온 괘(본괘)는 궁금한 질문의 현재 상황을 말하며, 본괘에서 효가 동하여 생긴 괘(지괘)는 앞으로의 진행 과정과 결과를 뜻한다. 본괘의 호괘와 동효는 내포된 의미를 참고한다(26쪽 참고).

♣ 부동산 계약이 잘 성사될지?

오후 3:25

하괘: 12+3=15÷8⇒7간산 / 상괘: 25÷8⇒1건천

☞ 본괘는 천산돈(天山遯)

동효: 3+5=8÷6⇒2효

☞ 지괘는 천풍구(天風姤)

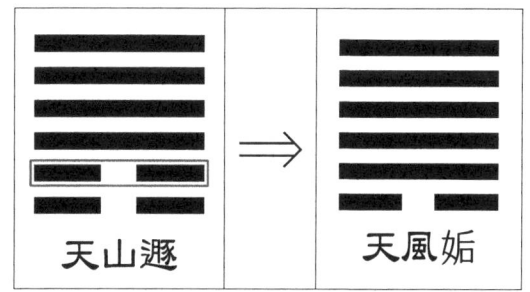

<해석>

본괘가 천산돈이므로 현재 계약이 지체되고 있으며 상대방이 나서지 않고 있다. 일단 물러났다가 나중에 진행해야 하는 상황이다.

2효가 동하여 천풍구이므로 예상치 못한 사고나 손재·사기 등을 당할 우려가 있으며, 특히 불순한 의도로 접근하는 여자를 주의해야 한다.

원치도 않는 일에 휘말리는 것을 주의해야 하며, 경쟁자가 많아 일을 진행 시키기도 어렵다. 그러므로 현재 부동산 계약을 진행하지 말고 훗날로 미루는 것이 바람직하다.

호괘도 천풍구이므로 더욱 그러하다. 욕심을 내지 말고 한걸음 물러나서 매우 신중해야 한다.

동효인 천산돈의 육이(六二)는 황소의 가죽을 사용하는 것처럼 그 의지가 견고하므로 본인이 계약을 성사하려는 뜻은 매우 강하다.

♣ 남편의 폐종양 정밀검사 결과?

오전 9:58

하괘: 9÷8⇒1건천 / 상괘: 58÷8⇒2태택

☞ 본괘는 택천쾌(澤天夬)

동효: 9+8=17÷6⇒5효

☞ 지괘는 뇌천대장(雷天大壯)

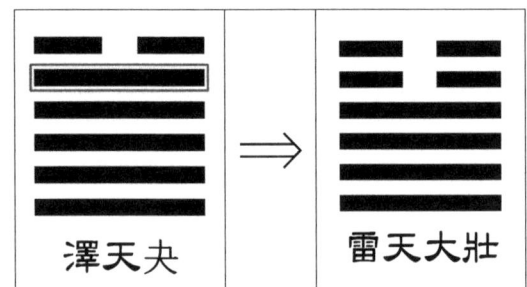

<해석>

남편의 폐경화(폐섬유증)가 상당히 진행되어 있는데, 폐에서 종양이 뒤늦게 발견되어 정밀검사를 받고 결과를 기다리고 있다. 검사 결과가 나오는 날 아침에 괘를 뽑았다.

본괘가 택천쾌이므로 현재 기세가 상승하고 있으며 당당하다. 그러나 더 나아가면 양기가 너무 지나치므로 불길하다.

5효가 동하여 뇌천대장이므로 지나친 양기가 물러나서 파국을 피했다. 매우 씩씩하고 장대하므로 건강이 더 나빠지지는 않겠다.

호괘가 중천건(重天乾)으로서 남편에 해당하는 괘이다. 최고조에 이른 기운이 쇠퇴하는 것이므로 물러나는 때를 생각해서 항상 근신하고 조심해야 한다.

동효인 택천쾌의 구오(九五)는 결단하고 결단하여 중도로 행하면 허물이 없는 것이므로 병원 치료를 꾸준히 받으면 괜찮겠다.

정밀검사 결과, 폐에서 발견된 종양이 더 커지지 않고 전이되지도 않았다. 그러나 지속적인 정밀검사와 치료는 필요하다. 극성했던 기운이 쇠약해지는 때이므로 더욱 그러하다.

♣ 윗어금니를 뽑는 게 좋을지?

오후 8:33

하괘: 12+8=20÷8⇒4진뢰 / 상괘: 33÷8⇒1건천

☞ 본괘는 천뢰무망(天雷无妄)

동효: 8+3=11÷6⇒5효

☞ 지괘는 화뢰서합(火雷噬嗑)

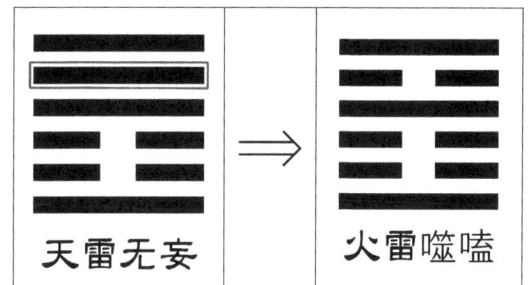

<해석>

예전에 두 군데 치과에서 과잉진료로 사소하게 아픈 이들을 뽑고 갈아내서 지금까지 고생하고 있다. 그러던 중 오른쪽 윗어금니가 흔들려서 치료를 받아야 하는데 예전의 트라우마가 있어서 걱정이 매우 크다. 그래서 치과를 여기저기 알아보면서 진료를 앞두고 괘를 뽑았다.

본괘가 천뢰무망이므로 대체로 좋지 않은 운이나 본성을 잃지 않고 바르게 행하면 허물이 없겠다.

5효가 동하여 화뢰서합이므로 장애물을 제거하여 형통하다. 현재 미흡한 일이 있으면 그것을 완전히 해결하여 개운하고 시원하다.

호괘가 풍산점(風山漸)이므로 점진적으로 문제를 조금씩 해결해나간다. 지속적으로 치료를 받고 치아 관리에 신경을 써야 한다.

동효인 천뢰무망의 구오(九五)는 병(病)은 약을 쓰지 않고도 낫는 기쁨이 있으므로 길하다.

주역점을 친 후 다음날, 염두에 둔 치과에 가서 이를 뽑았는데 몇 달이 지난 현재까지 결과가 만족스럽고, 잇몸은 약하나 염증이 없어서 처방받은 약을 먹지 않고도 괜찮았다.

♣ 시어머니 명의의 시골집을 팔 수 있을지?

오후 1:02

하괘: 12+1=13÷8⇒5손풍 / 상괘: 2÷8⇒2태택

☞ 본괘는 택풍대과(澤風大過)

동효: 1+2=3÷6⇒3효

☞ 지괘는 택수곤(澤水困)

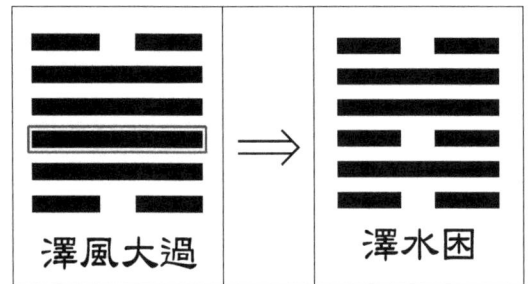

<해석>

시어머니 명의로 시골에 집과 땅이 있어서 매도하고 싶다. 그런데 시어머니가 고령인데 치매가 있어 요양원에 계시며 등기필증도 없고 자녀들도 많아서 여러모로 복잡한 상황이다. 그래서 고민을 하다가 괘를 뽑았다.

본괘가 택풍대과이므로 현재 기둥이 흔들리는 불안한 상황이며 힘겨운 일에 부딪혀 쩔쩔매는 어려운 상태이다. 그러나 군자이므로 나아가는 것이 이로우며 형통하다.

3효가 동하여 사대난괘(四大難卦) 중의 하나인 택수곤이므로 곤경에 놓이는 상황이다. 하지만 곤은 어려운 중에서도 바르게 하면 형통하고 대인을 세워 일을 처리하면 길하고 허물이 없다. 그렇지 않으면 주변에서 말이 생기고 믿지 않는다.

호괘가 중천건(重天乾)이므로 기운이 강건하고 크게 형통하기는 하지만 바르게 해야만 이롭다는 단서가 붙는다.

동효인 택풍대과의 구삼(九三)은 기둥이 흔들려서 불안한 가운데 매우 강하므로 흉하다. 그래서 전문 법무사에게 거듭 부탁하고 맡겨서 관련 서류를 철저하게 준비하고, 매매계약을 신중하게 차근차근 진행해서 뜻하는 대로 잘 매도할 수 있었다.

♣ 아파트 준공 승인을 무사히 잘 받을 수 있을까?

산가지로 괘를 뽑았는데 처음에는 6, 두 번째는 3, 세 번째도 3이 나왔다.

하괘: 6감수 / 상괘: 3리화

☞ 본괘는 화수미제(火水未濟)

동효: 3효

☞ 지괘는 화풍정(火風鼎)

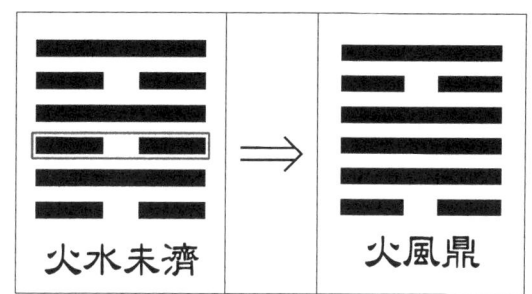

<해석>

현재 2천 세대 아파트의 공사는 완료되었고, 다음 달 말에 준공 승인을 앞두고 있는데 예기치 않은 하자 발생과 민원 없이 준공 승인을 잘 받을 수 있을지 염려하는 감리단장의 의뢰로 괘를 뽑았다.

본괘가 화수미제이므로 아직 아파트 공사가 실질적으로는 완료된 것이 아니라 미완성된 상태에 있다.

3효가 동하여 화풍정이므로 셋이 합심 협력하면 무슨 일이든지 성사되어 경사롭다. 그래서 시공사, 시행사, 감리단이 모두 함께 최선을 다하면 좋은 결과가 있겠다.

호괘가 수화기제(水火旣濟)이므로 큰 것은 이미 다 형통하였지만 작은 것은 아직 더 신경을 써야 형통하니 마지막까지 바르고 곧게 하는 것이 이롭다.

동효인 화수미제의 육삼(六三)은 혼자서 나아가면 흉하지만 다 함께 합심 협력해서 나아가면 큰 내를 건너는 것처럼 매우 어려운 일도 잘 처리할 수 있어서 이롭다.

그래서 시공사, 시행사, 감리단이 함께 힘을 모아 마지막까지 최선을 다하면 준공 승인을 무사히 잘 받을 수 있겠다.